JN410299

高村光太郎 詩選

다카무라 고타로 시선

〈지식을만드는지식 고전선집〉은
인류의 유산으로 남을 만한 작품만을 선정합니다.
읽을 수 없는 고전이 없도록 세상의 모든 고전을 출판합니다.
오랜 시간 그 작품을 연구한 전문가가
정확한 번역, 전문적인 해설, 풍부한 작가 소개, 친절한 주석을
제공합니다.

高村光太郎 詩選

다카무라 고타로 시선

다카무라 고타로(高村光太郎) 지음

서재곤 옮김

대한민국, 서울, 지식을만드는지식, 2025

편집자 일러두기

- 이 책은 1994~1998년 지쿠마쇼보(筑摩書房)에서 펴낸 《다카무라 고타로 전집(高村光太郎全集)》 증보판을 저본으로 삼아 번역했습니다.
- 주석은 독자의 이해를 돕기 위해 모두 옮긴이가 단 것입니다.
- 시행의 모양은 원전을 따랐습니다. 다만 시의 한 행이 길어 한 줄을 넘어갈 경우에는 내어쓰기로 표시했습니다.
- 필요한 곳에 ( )를 치고 원어를 병기했습니다. [ ]는 괄호 밖 한글과 괄호 안 한자가 다르게 발음되거나 옮긴이가 채워 넣은 시어를 표시한 것입니다.
- 한 편의 시나 연작시는 〈 〉로, 한 권의 시집, 단행본 등은 《 》로 표시했습니다. 제목을 특별히 언급할 때에는 " "를 사용했습니다.
- 한, 두, 세 등으로 읽히는 숫자는 한글로, 일, 이, 삼 등으로 읽힐 때는 아라비아 숫자로 적었습니다. 단, '억'의 단위는 한글로 하고 시간과 날짜는 모두 아라비아 숫자로 했습니다.
- 외래어 표기는 현행 한국어 어문 규범의 외래어 표기법을 따랐습니다.

차 례

《여정(道程)》

여정(道程) 이후

맹수 시편(猛獸 詩篇)

지에코 시편(智惠子 詩篇)

《위대한 날에(大いなる日に)》

《전형(典型)》

다카무라 고타로(高村光太郎, 1883~1956)

사진 출처 : 일본국립국회도서관 "근대 일본인의 초상"

《여정(道程)》

잃어버린 모나리자
失はれたるモナ・リザ

모나리자는 떠나갔다
그 신비로운 미소에 은은한 울림을 더하여
"훌륭한 사람이 되세요"라며
멀리 허무하게 슬픈 듯이
또 개선 장군 부인의 곁눈질처럼
차가우면서도 따뜻한
은은한 울림을 더하여
조용히 조심스럽게
모나리자는 떠나갔다

모나리자는 떠나갔다
두텁게 덮여 있던 연한 검정색 니스야말로
깔끔하게 사라졌고
오랫동안 화랑 벽에 갇혀 있던
액자야말로 제거되었고
경건한 눈물을 머금고는

캔버스를 마주한 채
갈피조차 못 잡는 배신자 화가야말로 슬프구나
아아 화가야말로 허무하구나
모나리자는 떠나갔다

모나리자는 떠나갔다
마음 약하고 애처롭지만
권모술수에 능한
낮에 보면 연녹색이지만
밤에 보면 새빨간
저 알렉산더석처럼
모나리자는 떠나갔다

모나리자는 떠나갔다
내 영혼을 위협하고
내 삶의 연소에 기름을 부은
모나리자의 입술은 여전히 미소 지었다
샘나는구나
모나리자는 눈물 흘리지 않고
단지 동양의 진주처럼

윤기 있는 연푸른 이를 보이며 미소 지었다
액자에서 벗어나
모나리자는 떠나갔다

모나리자는 떠나갔다
예전에는 그 신비로움에 전율 느끼고
도망치려 했던 나였지만
아아 이상하구나
떠나가는 뒷모습의 그리움이여
환영 같고 또는 아편 타는 연기 같지만
사라져 버린다면 얼마나 슬플까?
아아 기념해야 할 동짓달 그믐날이여
모나리자는 떠나갔다

키 링*

根付の國

광대뼈 튀어나오고 입술이 두텁고 눈이 삼각형이고 명장이 조각한 키 링과 같은 얼굴을 하고
넋이 나간 듯이 멍한
자신을 모르는 좀스러운
목숨도 헐값이고
겉치레를 좋아하고 허세를 부리는
조그맣게 움츠린 채 현 상태에 만족하고 있는
원숭이 같은, 여우 같은, 날다람쥐 같은, 망둑어 같은, 송사리 같은, 귀면와(鬼面瓦) 같은, 찻잔의 부서진 조각 같은 일본인

* 도장, 담배, 약 등이 들어 있는 주머니를 허리띠에 연결하는 고리로 나무, 상아 등으로 만든 조각품이다.

심야의 아틀리에

畵室の夜

화롯불은 꺼졌고
방 네 귀퉁이에서 어느새
추위는 전류처럼 스며든다
가스등 밝은 빛은 깜박이지도 않고
사물로부터 노란색을 빼앗았다
난잡한 화실과 같은 쓸쓸함이여
지금도 내 머릿속에서 미소 짓고 있는 그 사람을 생각하면
물감과 캔버스 따위는 아이 장난에 가깝고
－예술은 오로지 교묘한 약속의 인습인 것을－
오히려 샤반(Chavannes)의 그림을 비웃으며
술 한잔하며 울고자 한다
추위 극심한
겨울밤 새벽 2시

식후주

食後の酒

파르스름한 가스등 불에 빛나는
나의 양주 정물화는
잊힌 듯이 벽에 걸려 있다

식기장 거울에는 다양한 색깔의 술과
다양한 모습의 손님과
다양한 식기가 비쳤다

흘러드는 월금(月琴) 곡조는
앳되고 게다가 슬프다
희미하게 아쟁 소리조차 들린다

내 얼굴은 뜨겁고 내 마음은 차갑다
쓴 술을 또다시 나에게 권하는
마드무아젤 우메(梅)의 깊은 눈동자

소리

聲

때려치워라 때려치워
물벼룩 같은 도시 생활을
피아노 건반에 앉은 것 같은 소음과
물감 응고된 팔레트 같은 혼탁과
그 속에서 진흙물 마시며
시간에 쫓기며
흥분된 신경에 떨면서도
이름표 달린 무구(武具)를 입고서
길 걸어가는 그 꼴이 뭐냐
들판으로 와라
소가 있다
말이 있다
너 같은 사람 한두 명이 생활하기에는 충분한 생명의 양식이 땅으로부터 솟아난다
맑은 공기를 맛봐라
그리고 조용히 인간의 삶을 생각해 봐라

어쨌든 모든 것을 짊어지고 이시카리(石狩) 들판으로 와라

그런 은둔주의에 귀 기울이지 마라
소와 말이 있다고 해서 어떻다는 거야
조심해라
그림에 있는 소와 말은 아름답지만
살아 있는 소와 말은 인간보다도 불결해
생명의 양식은 땅에서만 나오는 것이 아냐
도시 길가에 산더미처럼 쌓여 있는 것을 봐라
그리고 인간의 삶에 대해 생각하기 전에
먼저 곰곰이 음미하려고 노력해라

자연으로 눈길을 돌려라
인간을 생각하기보다 살아 있는 것들을 먼저 생각해라
자기 왕국의 주인이 돼라
악(惡)에게서 등 돌려라

너를 낳은 것은 도시다
도시를 떠날 수 있다고 생각해?

인간은 인간이 이룩한 것을 존중해야 해
자연보다 인공이 더 의미 있다는 것을 알아라
악과 대결하여라
PARADIS ARTIFICIEL!*

바보
자신을 가해하는 자여

바보
자신을 비천하게 만드는 자여

* '인공낙원'이라는 뜻의 보들레르 에세이집 제목이다.

신록의 독소
新緑の毒素

푸르게 피어난 신록의 독소가 세상에 가득 차 있다

산과 들에
거리의 나무 울타리, 길가의 풀들
방치된 탁자 위의 돌과 같은 선인장에 이르기까지
지금은 신경에 대소동을 일으키고
조용히 순환하는 생명의 맥박
미친 듯한 생명력
그만둘 수 없는 기능의 각성에 놀라면서
넘쳐나는 신록을
그 입으로부터 뱉어 냈다

푸르게 피어난 신록의 독소가 세상에 가득 차 있다

생명의 과잉
형태를 갖추지 않은 세력

새벽녘
닭 벼슬을 치켜세우는
너무나도 신기한
저 닭 울음을 토해 내는 힘
모든 묘약[媚藥]
모든 향료도
아 이 힘을 피할 수 없다

푸르게 피어난 신록의 독소가 세상에 가득 차 있다

그 정취는 곧바로 사람 피부를 찌르고
그 향기는 곧장 사람 혈관을 덮치고
나는 그때 심장의 엄청난 중압을 견디지 못하고
게다가 무언가를 절규할 수밖에 없는 희열과 교만이 다가오면
손은 새로운 것에 닿고
발은 기뻐 날뛰며 오로지 전진하려고 한다
―그렇다면 그렇다면
괴로운 망아(忘我)와
즐거운 동통(疼痛)이란

지각(地殼)에서 솟아나는 정액 방사(放射)
사물에 스며드는 이 기이한 냄새 때문에 참혹하다

푸르게 피어난 신록의 독소가 세상에 가득 차 있다

새끼 밴 야윈 개는 공동묘지에 숨어 병균에 이 갈고
뱀은 평온한 겨울잠에서 깨어나
또다시 저주받은 땅 위를 기어다녀야 하는 것을 탄식할 수밖에 없고
생쥐는 천장 속에서 교미하고
말미잘은 기분 나쁘게 촉수를 움직이고
아아 짐승, 벌레, 물고기
모두 무익한 성적 흥분에
학살과 시의(猜疑)와 광분이 으르렁거린다

푸르게 피어난 신록의 독소가 세상에 가득 차 있다

보아라
사창가에서 가장 못난 여자
색주 다류야(樽屋)의 유녀 오치카는 한숨짓고

둥근 유두를 만지작거리며 울었다
보아라
소린(宗林)절 사무 담당
파란 조롱박 같은 묘엔(妙円)은 아침 근행에 배를 젓고
절 앞 나막신 가게의 빨간 신발 끈을 전율하면서 바라본다
보아라
색주 오노야(大野屋)의 유녀 지요(千代)
40대의 사타로(佐太郎)는
뒷골목 어둠 속에서 처음으로 흰 쥐*가 되었다
보아라
금고 열어 새로운 지폐 뭉치 쥐고
흥분한 하녀는 맨발로 가볍게
중국인 정부(情夫)와 함께 광둥(廣東)으로 달아났다
보아라 보아라 보아라

* 종업원이 가게 물건을 훔치는 행위를 의미하는 은어다. 일반적으로는 흰머리가 생길 정도로 오랫동안 근무한 종업원을 가리킨다.

푸르게 피어난 신록의 독소가 세상에 가득 차 있다

집에 들어가도
잠자리에 들어도
목욕을 해도
쓴 쓸개를 핥아도
샤미센(三味線) 연주를 들어도
노래를 들어도
술을 마셔도
울어도
동침을 해도
옷을 입은 채로 자도
끝없는 끝없는
숨 막히고 신랄한 방랑은
내 몸을 감싸고 내 영혼을 울린다
가련하다 가련해

푸르게 피어난 신록의 독소가 세상에 가득 차 있다

게으름뱅이
なまけもの

아사쿠사(淺草)
가미나리(雷)문 근처 색주 요카로 대낮의 역겨움
널찍하고 조용한 2층
흰 식탁에는 비스듬하게 가로수 녹음이 비치고
밤색 리놀륨은 발밑에서 약간의 탄력을 속삭이고
고장 난 시계는 6시를 가리킨다

철쭉 새빨간 그늘에 비친
맥주 거품을 바라본다
마드무아젤도 졸고 있다
3층의 나른한 샤미센
곡조에 따라 조용히 맞추는 발장단도
어느새 멈추었고 모든 것이 졸고 있다

게으름뱅이는 양주를 마시며
천천히 흘러가는 시간 템포를 즐기고

마음속으로 기독교 교리를 어기는
멍한 늦봄
관음사와 그리 멀지 않고
대낮, 미인과 요리의 역겨움

그런데 그때 갑자기 들리는 소리
"가미나리문의 상점가에서
날뛰거나 이상한 짓 하지 마"

손
手

내 손을 보면 불쾌하다
어제 병원 흰 방에서 본
그 유리병 속 손과
그다지 다를 바 없는 생생함은
손뿐일까—

지상의 모나리자

地上のモナ・リザ

모나리자여 모나리자여
영원히 땅 위를 걷지 마라
돌 많고 깊은 진흙길을 걸어가는
세상 사람들의 추한 모습이여
모나리자는 높은 산 물 맑은
저 꿈같은 롬바르디아를 배경으로
부드럽게 팔짱을 끼고 어슴푸레하게 눈을 뜨고
단지 상반신만을 드러내라
사려 깊은 옛날의 뛰어난 화가도 이렇게 그렸을 것이다
현실에 집착하는 전신을, 아아 모나리자여 드러내지 마라

우리는 모나리자를 두려워한다
지상으로 추방되어
길에서 대화하고
기차 타고 달리는 모나리자를 두려워한다

모나리자의 신비로움은
환상 속에서 아름답게 빛나고
바로 옆에 나타나면 애처롭게 고귀하고
운명의 선택은 이미, 이미 나를 버렸다
나는 지금도 그냥 얼굴을 떨구고
모나리자의 아름다운 힘을 꿈꾼다
모나리자여 모나리자여
영원히 땅 위를 걷지 마라

아버지 얼굴
父の顔

아버지 얼굴을 점토로 만들었더니
새벽녘 창가의
아버지 얼굴은 슬프고 쓸쓸하구나

어딘가 닮은 내 얼굴 형태는
약간 기분 나쁠 정도로 이법(理法)이 두렵고
내 영혼이 늙으면 똑똑히
모습에 드러날, 생각지도 못한 놀라움
내 마음은 무서운 것을 보고 싶어서
그 눈을 보고 그 이마 주름을 본다
만들어진 아버지 얼굴은
어류처럼 깊은 침묵을 지키지만
아아 애처롭게 지난날을 이야기하고 있다

그것은 강철의 어두운 외침이면서
또 서양에서 본 '햄릿' 망령의 소리인가

원차(怨嗟)가 없지만 몸 자르는 진동은
손톱에 스며들어 욱신거리며 쑤신다

아버지 얼굴을 점토로 만들었더니
새벽녘 창가
기이한 혈통이 속삭이는 소리—

칠보 가루 유약
泥七寶

팔랑팔랑 마음속으로 떨어지는 것은
칠보 가루 유약인가? 눈에는 보이지 않지만
흰개미 날개인가? 팔랑팔랑
쓸어 담아 내버리는 것도 불쌍하다
*
외출하는 것이 왜 이렇게 즐거울까
밤이 되면 왜 나가는 것일까
어차피 밤늦게 고개를 떨구고 돌아올 것을
*
콕콕 송곳으로 찌른다
쓸데없이 송곳으로 찌른다
송곳으로 찌르면 판자가 부서지는 즐거움에
*
태어날 때부터 눈에 보이지 않는 단 한 사람을 사랑한다
다양한 사람을 연모하면서
단 한 사람을 좇는다

*

타협을 모르는 사람에게

비가 촉촉이 내려 고개 떨구고 술도 식어 버렸다

*

료고쿠(兩國) 다리 위

흰 비백 무늬의 낡은 전통 복장

서른 가까운 바보의

처지에 어울리지 않는 방탕한 밤놀이

*

달도 뜨고

네 손 차가움에서

파도 소리가 들린다

*

아침이 되어

불타는 해는 이미 하늘 높게

홀로

당신과 헤어져 혼잡한 거리로 되돌아온다

쓸쓸한 길
さびしきみち

한없이 쓸쓸하지만
나는
지금껏 걸어온 길을 버리고
정말로 더할 나위 없는 길을 버리고
전혀 모르는 길을 밟고
슬퍼도 나아갈 것이다

ㅡ그것은 내 마음가짐이고
또 내 마음 기쁨의 원천이므로

내 눈에 보이는 것은 모두 애처롭고
내 손에 닿는 것은 모두 견딜 수 없이 아프고
하지만 어제는 무미건조하게 모습을 감추고
예전의 나는 어느새 사라졌다
애처롭고 기이하지만
또 아프고 괴롭지만

내 마음에 비치는 것
지금은 이것뿐이기에
이것이야말로 새로운 내 힘이다
한없이 쓸쓸하지만
나는 오로지 이것만 생각한다

—그것은 내 마음의 울부짖음이고
또 내 마음 위안의 원천이므로

알 수 없는 나의 슬프고
새로운 길은 희미하게 펼쳐져 있다
쓸쓸함은 세상 사람들의 것이고
슬픔은 영혼의 고향
마음이여 내 마음이여
주눅 드는 내 마음이여
내 모습이야말로 최고다
쓸쓸함에서 황금 울림을 듣고
슬픔에서 달달한 미르라(Myrrha) 향을 맛보아라

—그것은 내 마음의 부모이고

또 내 마음 힘의 원천이므로

겨울이 온다
冬が来る

겨울이 온다
춥고 날카롭고 강하고 투명한 겨울이 온다

봐라 탕탕탕 하고 울리는
연발총 소리

울어도 울어도 생기가 넘치는
차가운 새벽이슬의 마음

불가사의한 삶을 곰곰이 생각하면
문득 사자탈이 물구나무서기를 한다

우리들의 사랑을 사랑이라 부르지 말자
좀 더 수도(修道)적이고 좀 더 자유롭다

겨울이 온다 겨울이 온다

영혼을 흔들며 저 강하고 날카로운 힘의 화신인 겨울이 온다

밤
夜

찬바람이 분다
넘쳐흐르는 불빛으로 가득한 도쿄 거리를 나는 배회한다
10월 말 밤공기는 면 홑옷을 뚫고
피부에 신기한 쾌감을 준다

모든 것이 허위 덩어리로 보인다
단지 현재의 자신을 믿을 수밖에 없다
돌을 차자 날아가서 강으로 떨어진다
이방인이 냉소와 모멸의 표정으로 마차 위에서 진기한 듯이 도쿄를 바라본다
야시장 인파는 서로에게 적대감을 품는다
찬바람이 분다
인간은 안 돼
인간보다 좀 더 무섭고 정직한 것이야 해
하지만 이런 생각은 비겁하다

자동차보다는 역시 마차를 타고 싶다
생명체를 사역(使役)하는 것은 유쾌하다

밤공기가 스며들자
피부는 소리 내며 괴로워하면서도 기뻐한다
모두 내던져 버리고 싶다, 몰살하고 싶다
그리고 질주하고 싶다
오바리(尾張) 마을 길 모퉁이다
찬바람이 분다

산
山

산 무게가 나를 둘러싸고 공격한다
나는 대지의 우뚝 솟은 힘을 마음속으로 꽉 쥐고
산으로 향했다
산은 꼼짝달싹 하지 않는다

견딜 수 없는 공포가
내 영혼에 가득 찼다
쿵쿵 쿵 쿵쿵 쿵
밑바닥에서 물결치기 시작한 내 의식은
곧장 알몸의 산맥을 밀어내었다

'무궁'한 힘을 칭송해라
'무궁'한 생명력을 칭송해라
나는 산이다
나는 하늘이다
또 저 미친 종자소다

또 저 흘러가는 물이다
내 마음은 산맥 구석구석을 채우고
저곳에도 가득 찼다
차고 넘치고 있다

산은 몸 뻗어 물결치며
끝없는 허공 속으로 저 멀리
또 쾌활하게
울려 퍼졌다
가을 햇살은 한껏 빛나고
내 귀는 하늘에서 승리 노래를 들었다

산에 넘쳐나는 피와 살의 기쁨!
밑바닥에서 미소 짓는 자연의 자애(慈愛)!
나는 모든 것을 품었다
눈물이 흘렀다

겨울이 왔다
冬が来た

확실하게 겨울이 왔다
팔손이나무 흰 꽃도 사라지고
은행나무도 가지만 앙상하다

콕콕 송곳으로 찌르는 것 같은 겨울이 왔다
사람들이 싫어하는 겨울
초목이 등 돌리고 곤충이 도망가는 겨울이 왔다

겨울이여
내게로 오라 내게로
나는 겨울의 원동력, 겨울은 내 양식이다

깊이 스며들어라 꿰뚫고 나아가라
불 질러라 눈으로 덮어라
칼날 같은 겨울이 왔다

겨울의 시
冬の詩

1

겨울이다 겨울, 온천지가 겨울이다
보이는 것 모두가 겨울이다
또다시 나를 만나러 온 군센 겨울
겨울이여 겨울이여
춤추며 외치며 내 손을 잡아라
커다란 은행나무를 나목으로 만든 겨울
반짝반짝 빛나게 별을 연마한 겨울
시치부(秩父), 하코네(箱根) 그것보다 더 큰 후지산을 후려갈기고 온 겨울
관동(關東)지방* 산과 들을 삐삐 피리 소리 내며 떠들고 돌아다니는 겨울

* 도쿄도(都)와 인근의 이바라기(茨木), 도치기(栃木), 군마(群馬), 사이타마(埼玉), 지바(千葉), 가나가와(神奈川)현을 가리킨다.

빈혈과 신경쇠약의 청년이랑
좀도둑처럼 나쁜 일만 궁리하는 중년과
온기에 달라붙는 이끼 같은 시정잡배랑
늙은이들이랑
나약하고 허세만 부리는 아가씨들이랑
사랑스러운 연인이랑
음울한 유부녀랑
모두 한 덩어리로 축소하며
맨손으로 큰 길을 걸어온 겨울
양파밭에 가루를 뿌리고
채소 시장에 잎사귀의 산을 만드는 겨울
만물에게 생을 외치고
인간 본심을 뒤흔들고
참혹하고 불공평하고
연민을 경멸하고 감정 뿌리를 씻어 내고
구석구석까지 두려움을 뿌리고
약자를 더욱 약하게 만들고 또 살육하고
거칠고 사나운 인간에게 양심을 각성시키고
진격 나팔을 쾌활하게 불고
변덕스러운 성장을 억누르고 고통과 풍요를 주는 겨울

겨울은 우러러보는 내 친구다
내 체력은 겨울과 힘을 합쳐 환희의 노래를 부른다
겨울이여 겨울이여
춤추며 외치며 팔짱을 끼자

2

겨울이다 겨울, 온천지가 겨울이다
도심 한복판도 겨울이다
긴자(銀座)도 겨울이다
용감한 전차 운전수, 열심히 일하는 신문팔이 소년, 성실한 파출소 순경, 안간힘을 다하는 인력거꾼
겨울은 너희들에게 건강을 선물한다
큰 시계탑의 종소리는 하늘에 울려 퍼지고
보석은 강렬하게 빛나고
모포, 장갑, 셔츠, 모자, 털목도리, 목도리, 외투, 모피는 인간의 조절(調節)성을 이야기하고
고급 시가, 시클라멘, 캐시미어, 과산화수소수, 향수, 비누, 크림, 분은 인간의 사치와 욕망과의 자연스러움을 찬미한다
라듐, 나트륨으로 겨울은 인간의 우스꽝스러운 과장기

를 비웃고

수증기가 피어오르는 과자 샘플을 보고 겨울은 순진하게도 식욕을 느끼고

여자여 카페의 여자여

강해져라, 겨울처럼 강해져라

연약한 네 몸을 교활한 대장장이 손에 맡기지 마라

너 자신의 본능을 존중하여라

여성스러움과 복종을 의미하는 애교와 의미 없는 웃음과 쓸모없는 감상주의를 송두리째 뽑아라

그리고 부지런하게 움직여라, 열심히 돈 벌어라, 사랑해라, 점잔 빼지 마라, 빛나라

겨울처럼 잔혹해라, 진실되어라

흰 앞치마를 하고 연필을 달고 있는 카페의 여자여

기특하고 사랑스러운 웨이트리스여

겨울은 너에게 억척스러움을 준다

겨울은 또 은행원, 신문사 탐방객, 보험사 설계사를 놀라게 하고

겨울은 자동차 소리를 좋아하고

버스 터미널의 혼잡함과 질서를 장중하게 단장하고

계절의 냉엄함으로 사람들을 핍박한다

겨울이여 겨울이여
춤추며 외치며 발맞추어라

3
겨울이다 겨울, 온천지가 겨울이다
오카와바타(大川端)도 겨울이다
에이다이(永代)다리 아래에 붉은 흘수선을 드러내고 있는 선박이여
대담한 300톤의 여행자여
바다의 높은 파도에 흰 수건이 뒤집히고 갈매기 울어 기뻐하는 겨울이다
너의 힘을 사용할 때다 너의 원기가 유익할 때다
그렇다 그래. 고래 울음과 같은 기적을 울려라
마스트에 돛을 달아라 깃발을 올려라 검은 연기를 내뿜어라
주저하지 마라. 나아가라 나아가
저 큰, 승선감이 있는 대양으로 나아가라
기적을 울려라
일해서 달아오른 전신에 진눈개비를 뒤집어써라
아아, 수많은 작은 배들이여

움직여라 달려라 종횡무진 자유롭게 돌아다녀라
돛단배는 돛을 달아라
거룻배는 노좆에 물을 뿌려라
물로 얼어붙은 새빨간 손발을 흔들어라
착실한 증기선이여 의기양양하게 항해해라
겨울은 늘어서 있는 창고를 건조하고
높은 굴뚝의 매연을 멀리 사라지게 하고
큰 돔 모양의 지붕을 빛나게 하고
강가의 카페를 위협하고
아즈마(吾妻) 다리의 인파를 반긴다
도로 공사꾼이여 잡부여 공장 노동자여
땀 흘리고 땅에서 일하고 집 세우고 기계 움직이는 훌륭한 용사들이여
너의 힘을 최대한 쥐어짜라 너의 일을 믿고 맹위를 떨쳐라
울고 싶을 때는 울고 화내고 싶을 때는 화내고 울부짖고 싶을 때는 울부짖어라
자포자기하지 마라 변명하지 마라
겨울처럼 엄격하게 처리해라
척추로 무거운 짐을 져라

하얀 입김을 크게 내뱉어라
아아 사랑스러운 노동자여
겨울은 어디까지나 당신들 편이다.
정의를 위해서 몸을 아끼지 마라
겨울이여 겨울이여
춤추며 외치며 발을 내딛어라

4

겨울이다 겨울, 온천지가 겨울이다
높은 곳도 겨울이다
마차처럼 공부하는 학생이여
무모할 정도로 학문과 씨름해라
지지 마라 척척 졸업해라
잉크병을 들고 줄무늬 하카마*를 입고 있는 젊은이여
걸핏하면 눈물짓는 청년 우울병에 걸리지 마라
매뉴얼 제일주의에 빠지지 마라
가슴을 펴고 대지를 힘차게 밟으면서 걸어라

* 일본 정통 바지다.

대지의 힘을 체험하여라
너의 전신을 두근거리게 해라
관철하고 해내어라
그 무엇보다 생명을, 단 하나밖에 없는 생명을 얻어라
타인보다 나 자신이다 사회보다 자기다 밖보다 안이다
그것을 공격하여라 그리고 끝까지 믿어라
고독에 빠져들어라
자연을 잊지 마라 자연을 의지해라
자연에 근거를 둔 고독은 결국은 모든 이들에게 통하는 길이다
고독을 두려워하지 마라 모든 이를 이해시키려고 하지 마라 부수적인 것을 위해 살지 마라
근거 없는 감격에 빠지지 마라
평소부터 사람들 말을 무시해라
비교하기 좋아하는 평론을 비웃어라
아아 그리고 인간을 느껴라
사랑을 위해 살고 사랑을 키우고
겨울의 준엄한 사랑을 생각하고 생생한 사랑을 보아라
평화만이 사랑의 모습은 아니다
평화와 위안은 비굴한 사람들의 먹이다

눈물 흘리는 것을 인간미라 생각하지 마라
그것은 속물이다
얼음 같은 의지가 넘치는 자연스러움을 맛보라
좋은 세상을 만들어라
인간을 받들어라
미래를 살려라
인류가 아직 젊다는 사실을 알아라
아아 바람에 날리는 초등학생들이여
뻗어 나가라 성장하여라
정신을, 육체를 단련해라
겨울 한파에 피부를 노출해라
겨울은 미래를 품어 키운다
겨울이여 겨울이여
춤추며 외치며 울려 퍼져라

5
겨울이다 겨울, 온천지가 겨울이다
보이는 것 모두가 겨울이다
그 속을 나는 간다
나 혼자서 —

소
牛

소는 천천히 천천히 걷는다
소는 들에서도 산에서도 길에서도 강에서도
자기가 가고 싶은 곳으로
곧바로 간다
소는 함부로 뛰거나 뛰어오르지 않는다
푹푹
소는 모래를 파고 흙을 파고 돌을 튕기며
역시 소는 천천히 천천히 걷는다
소는 서두르지 않는다
소는 최대한 지면을 의지하며 간다
자신을 떠받치는 자연의 힘을 믿으며 간다
한 걸음 한 걸음 자신의 길을 음미하며 간다
내딛는 발은 필연적이다
헛수고를 하지 않는다
어떤 일이 있어도
내딛어야만 하는 발을 내딛는다

소다
내딛으면 끝이다
소는 뒤로 물러나지 않는다
발이 땅에 깊이 박혀도 물러나지 않는다
그리고 또다시 천천히 천천히 걷는다
소는 무턱대고 하지 않는다
그렇지만 상당히 막무가내다
장애물은 두 개의 뿔로 넘어뜨린다
소는 도리에서 벗어나지 않는다
소는 단지 하고 싶은 것만 한다
자연스레 하고 싶은 일만 한다
소는 판단을 하지 않는다
그렇지만 소는 정직하다
소는 하고 싶어서 한 일을 후회하지 않는다
소가 한 일은 자신을 강하게 만든다
그래도 소는 역시 천천히 천천히 걷는다
끝까지 걸어간다
자연을 믿고
자연에 몸을 맡기고
퍽퍽, 자연으로 돌진하고 깊이 파고들어

늦거나 빠르거나
자신의 길을 스스로 간다
구름을 타지도 않고
비를 부르지도 않고
물 위를 헤엄치지도 않고
딱딱한 대지를 발굽으로 딛고
소는 평범한 대지를 간다
난폭한 가짜 대지에 속지 않는다
사람을 부러워하지 않는다
소는 자신의 고독을 제대로 알고 있다
소는 되새김질을 하면서
지그시 쓸쓸함을 견디면서
더욱 깊이, 더욱 큰 고독 속으로 들어간다
소는 '음메' 하고 울며
그때, 자연에게 호소한다
자연도 역시 '음메' 하고 대답한다
소는 그것에 위로받고
그리고 역시 천천히 천천히 걷는다
소는 어처구니없을 정도로 엉성하고 상당히 서투르다
결심하고서도 일을 시작하기가 쉽지 않다

시작하고도 척척 진행하지 않는다
그렇지만 소는 어처구니없을 정도로 민감하다
10킬로미터 밖의 짐승 울음소리도 구별한다
가장 좋은 것과 가장 아름다운 것을 즉시 깨닫는다
미래를 분명하게 예감한다
봐라
소의 눈은 예지에 빛난다
그 눈은 자연의 외형과 정신을 간파한다
외형만의 장난감을 좋아하지 않는다
정신의 그림자에 현혹되지 않는다
윤기 있는 상냥한 소의 눈
속눈썹이 긴 검은 소의 눈
영원을 일상 속으로 불러오는 소의 눈
소의 눈은 성자의 눈이다
소는 자연을 그대로 물끄러미 본다
응시한다
두리번, 두리번거리지 않는다
눈에 핏줄이 서지 않는다
소가 자연을 보는 것은 소가 자신을 보는 것이다
밖을 보면 동시에 안이 보이고

안을 보면 동시에 밖이 보인다
그것은 소가 노력하는 것이 아니다
소로서는 당연한 것이다
그리고 소는 역시 천천히 천천히 걷는다
소는 아주 고집이 세다
그렇다고 무턱대고 다투지는 않는다
다투어야 할 때에만 다툰다
평소에는 모든 것을 듣기만 하고 있다
그리고 자신의 일을 하고 있다
수명을 줄여서 힘을 낸다
소의 힘은 세다
그러나 소의 힘은 잠재되어 있다
용수철이 아니다
태엽이다
언덕 위로 차를 끌어올리는 태엽의 힘이다
소가 장애물을 처박아 날려 버릴 때는
단념해야 할 때이지만
소의 힘은 끈질기다
사악한 투우사의 비열한 칼날이 꽂힐 때에도
열 개, 스무 개가 온몸에 박혀도

비틀거리면서도 부딪친다
부딪친다
소의 힘은 이렇게 비장하다
소의 힘은 이렇게 위대하다
그래도 소는 역시 천천히 천천히 걷는다
끝까지 걸어간다
걸어가면서 풀을 먹는다
땅에서 자라고 있는 풀을 먹는다
그렇게 큰 몸을 살찌운다
영리하고 상냥한 눈과
붙임성 있는 혀와
딱딱한 발톱과
엄숙한 두 개의 뿔과
애정 어린 울음소리와
멋진 근육과
정직한 침을 흘리는 큰 소
소는 천천히 천천히 걷는다
소는 대지를 힘차게 밟으며 걷는다
소는 평범한 대지를 걷는다

여정
道程

내 앞에는 길이 없다
내 뒤에는 길이 생긴다
아아 자연이여
아버지여
나를 홀로 서게 한 광대한 아버지여
나로부터 눈을 떼지 말고 지켜 주세요
늘 아버지의 기백을 나에게 가득 채워 주세요
이 먼 여정을 위해
이 먼 여정을 위해

군중에게

群集に

한 사람의 힘을 존중하고
한 사람의 의미를 연모해라
떼 지어 아우성치고 무식한 소리 하는 사람들이여
도망가는 사람도 잡으려는 사람도
공격하는 사람도 막는 사람도
모두 영혼이 없는 동요(動搖)다
살아 있다고 할 수 없는 사실 아닌 사실
사료조차 될 수 없는 쓰레기의 격분이다
깨어나라
홀로 잠 깨라
눈썹을 치켜뜨고 화내는 너희들 얼굴의 쓸쓸함을 보라
그 믿음직스럽지 못함과 불안과
가리개로 차단된 너희 자신 본래의 무관심과
중심이 없는 부유물의 가벼움과—
너희 모두 이 가난을 보아라
지금 맞은편에서 떠오르는

저 보름달을 봐라
조용한 겨울밤의 잠재력을 느껴라
너희 마음속에 지금 싹트고 있는
파괴력과 잔인함과 이상한 육체의 욕망에 눈뜨라
그 고귀한 인간성 앞에 너희 자신을 벌거숭이로 만들어라
그리고 혼자가 되어라
너 혼자만의 힘으로 돌아가라
불쌍한 이 군중과 군중의 무익한 투쟁에 대해
자연 생명력을 생각하는 것의 무의미함을 알아라
너희는 길에 깔려 있는 자갈 덩어리다
너희는 우연히 살다가 우연히 죽고
경쟁하며 살다가 죽고
또 성질부리며 살다가 죽고
깨어나라
홀로 잠 깨라
한 사람의 힘을 존중하고
한 사람의 의미를 연모해라
너희의 초조함이 무슨 가치가 있으랴
너희의 고백이 무슨 의미가 있으랴

아아 군중이여
한밤중의 군중이여
또 사상과 예술에 관련된 군중이여
군중을 생명으로 하는 군중이여
허무한 너 자신 소리에 귀 기울여라
기회에 살고 제언(提言)에 사는 것을 그만두어라
우상 속으로 들어가는 것을 그만두어라
뻔한 거짓말을 그만두어라
군중에 의해 떠밀려 다니는 것을 경멸해라
한 사람의 실체에 파고들어
한 사람의 근본을 심화하고
한 사람의 지하 수맥을 발굴하여라
콸콸 솟아나는 샘물을 퍼내어라
우연함은 사라지고
즉흥적인 발상은 가치가 없어지고
이곳이야말로 자연에 근거한 인간이 평온하게 나타나는 곳이다
한 사람의 힘을 존중하고
한 사람의 의미를 연모해라
떼 지어 아우성치는, 또 무식한 소리를 하는 사람이여

찬바람에 얼어붙어 빛나는 저 큰 달을 보라
달은 공원의 울창한 나무들과 스치면서 빛난다
둥글게 아주 밝게 빛난다

만물과 함께 춤춘다

萬物と共に踊る

그는 만물을 본다
또 만물을 소유하고 있다
무거운 것도 또 가벼운 것도 가진다
밝은 것도 또 어두운 것도 본다
사람들이 말하는 모순은 모순이 아니다
설탕에다 소금을 넣는다
타는 불 속에서 물을 얻는다
모든 대립이 하나로 융합된다
모든 차별이 하나로 빛난다
상극과 전투와
배제와 단련과의
뼈를 깎는 고통에 데굴데굴 구를 때도
그는 이미 성취한 필승의 기백을 유지한다
가장 충실하면서도 배반하는
가장 진지하면서도 농담하는
가장 격렬한 근대인이고

게다가 가장 집요한 고대인이다
가장 정신적이며
게다가 가장 육체적이다
여성과 함께 울고
여성과 함께 춤춘다
여성을 증오하고
여성을 사랑한다
애증을 초월한 영원을 알고 있다
그 근원 하나를 늘 수중에 쥐고 있다
그 때문에
여성이 신뢰할 수 있는 가장 견고한 심성이다
순수하지만 단조롭지는 않고
복잡하지만 잡다하지는 않고
늘 활력이 없지만
하지만 늘 웃고 있다
정결하면서 또 정이 많다
자유를 추구하지만 어떤 규율이 있다
그리고 모든 범속(凡俗)과 타협을 끊고 있다
만물은 그에게 몰려들고
그는 만물과 함께 어지럽게 춤춘다

천연 원소와 소통하고
천연의 진실을 진실로 만든다
모든 사사로운 일들이 모두 중대사가 되고
또 조직이 된다
그는 스스로를 신뢰하고
스스로의 갈망으로 방향을 정한다
그에게
성장은 성장 의식이 아니고
갈망의 감각이다
그리고 수행의 희열이다
그리고 또 불만이다
현상은 불안하다
모든 자극은 그의 공허를 잠 깨우고
모든 자양분은 그의 세포에 울려 퍼진다
조용히 들어가
신비롭게 다가온다
그는 만물과 함께 춤추고
그는 만물을 보고
또 만물을 소유한다
그는 늘 고민하고 늘 극복한다

—위대함이 탄생하는 순간이다

5월의 토양

五月の土壌

5월의 태양은 눈부시게 빛나고
5월의 비는 초목에 쏟아지듯 내린다
들판에
넘칠 정도로 기백이 가득 찬다

육체와 같은 토양은
따뜻하고 포동포동하고
둥글고 수북하고 널찍하고
무한의 중량을 일으켜서
부풀어 오르게 하고
저 먼 지평선에 파도를 일으킨다

모든 씨앗을 감싸 싹 트게 하고
벌레는 깨우고
좋고 나쁜 것의 차별을 없애고
자연의 율법에 따라

땅속의 본능을 숨 쉬게 하고
살아 있는 것을 위해 좋은 음식과 잠자리를 마련해 주고
사라져 가는 것을 위해서는 재생을 위한 인내를 알려
주고
영겁의
끝없는 침묵을 지키고
떡하니 옆으로 누워
또 견실한 미소를 보이는 토양이여
아아 5월 토양이여

토양은 오염된 것을 두려워하지 않고
토양은 모든 것을 정화하고
토양은 순간적으로 온 힘을 쏟아 앞으로 나아간다
보아라
열 평 보리밭은 흰 물결 치고
다섯 평 무밭에는 무가 이미 줄지어 도열해 있고
여기저기에서 돋아나는 무수한 순들은
푸른 하늘을 쳐다보는 아기 눈을 하고 있다
아아 그리고
일대에 피어오르는 생물의 내음이여

뒤섞여 울리는 숨소리여
순진한 생육의 투쟁이여

내 발에 와 닿는 토양의 열기에
나는 사람의 힘에 대해 깊이 생각한다

여정(道程) 이후

도주
失走

나는 도주한다
슬픔 때문에 나는 도주한다
사랑이 아닌 애처로운
슬픔 때문에 나는 도주한다

당연함

あたり前

당연한 것이라도 나는 말한다
당연한 것이라도 나는 행한다
당연하지 않은 것이라도 나는 말한다
당연하지 않은 것이라도 나는 행한다

우리 집
わが家

우리 집 지붕 높다랗게 하늘 가로지르고
그 아래에 창이 일곱 개
작은 퇴창은 아침 햇살을 받아
새빨갛게 빛나며 여름 안개에 덮여 있다
올려다보기에도 높은 느티나무 꼭대기에서
참새 한 마리가 지저귀기 시작한다
퇴창 아래에
층계가 세 개
층계에서부터 길 전체에
이슬에 젖은 벚나무잎이
빛나면서 조용히 흩어져 있다
벚나무들은 가지를 벋고
울창한 녹음을 깨우지 않고
하늘은 촉촉이 푸르르고
형언할 수 없는 밝은
여름 아침 햇살은

소리 없이

조용히 길을 비추고 있다

땅을 밟고 길에 서면

길은 안개 속으로

구부러진다

바다는 둥글고
海はまろく

바다는 둥글고 평온하고
푸르고 아득하고
목욕물은 몸을 감싸며
넘치고 솟구치고 흘러넘친다

바다 위에 하늘이 있고
하늘 전체가 한낮
수증기는 따스하게 밝고
지열은 희미하게 진동한다

천연의
깊은 호흡에
마음은
가라앉으며 약동한다

세상은 전쟁이다

끝없는 유혹이야말로
막대한 천연의 선물
아아 엄청난 이 평안

맑게 개는 하늘

晴れゆく空

언제부터 비가 내렸는지도 모르고
미지근하고 눅눅한 진흙탕
어둡게 내려앉은 12월의 비 오는 날
갑자기 온천지에
저 멀고 높은 곳에서 비가 쏟아진다
불어 닥치는 찬바람
나무들은 몸을 움츠리고
술렁이는 세상에
쏴아 하고 부는 한줄기 바람
방금 일어나 까치집 지은 머리를 휘날리며
구름은 나른한 잠자리에서 일어나
줄무늬처럼 열을 지어
천상에서 깨어나기 시작한다
바람은 비를 책망하고
바람은 만물에게 분노하고
비바람, 비바람 쳐서

하늘을 뒤덮고 있던 구름을 흩어 버린다
그때
지평선 저쪽에서
조금 하늘이 열리며
연녹색빛
밝게 비친다
영혼은 찬바람을 기뻐하며
들판을 달리기 시작하면
길 위 진흙탕이 빛나고
물웅덩이는 조용히 천상의 푸르름을 비춘다
열풍(烈風)은 여전히 세차게 불고
세차게 휘몰아치고
세상은 바야흐로 정화되려고 한다

평온한 한낮

無爲の白日

완전히 폭풍이 멎었다
저항하고 지치고 상처 입은 배는 크게 흔들리며
이상할 정도로 적막한 세계로 들어갔다
씻겨 나간 갑판에는 돛줄임줄이 흩어져 있고
그 사이를 선원들이 고양이처럼 뛰어다니고
납빛 바다는 점점 암녹색 반점으로 물들고 구름은 찢기고
놀랄 정도로 맑은 하늘
푸르고 푸르게 배 앞쪽에 펼쳐진다
비와 바람과 파도의 비명은 흔적도 없고
매우 고요하게 해는 빛나기 시작했다

아아, 너는 이 적막함의 두려움을 아느냐
이 침묵 속에 울리는 거친 숨소리를 아느냐
햇살이 내리쬐는 갑판에 우두커니 서서
이 하늘과 바다를 보는 자의 심정을 아느냐

폭풍우와 폭풍우의 힘은 전부 이곳으로 모이고
소용돌이치는 회오리바람은 모두 이곳을 향해 휘몰아 친다
힘을 통합하는 힘
태풍의 중심
평온한 한낮
배는 숨죽이고
이 황막한 전율의 세계에
몸을 떨며 완전히 창백해졌다

여자애

小娘

아마도 공장에 다니는 여자애겠지
코가 꺼져 애교스러운 얼굴에
긴 속눈썹의 큰 눈을 크게 뜨고
저녁녘의 조용한 마을로 돌아간다
조신하게
그러나 어딘가를 물끄러미 보며
무리를 벗어난 새처럼
똑바로 걸어간다
자세히 보니 다리를 약간 절고 있다
그것을 전혀 알아차리지 못한 것은
소녀의 걸음걸이 때문일 것이다
약간 어깨가 흔들리고
조그만 보따리를 든 팔꿈치가 올라간다
앞머리를 은행잎 모양으로 쪽 진 여자애는 눈을 반짝이며
입을 꼭 다물고

말쑥한 옷차림을 하고
애교스럽게 장난치는 여자애는
그러나 어딘가를 물끄러미 보며
녹음 우거진 마을 안쪽으로 돌아간다
나는 미묘한 애착이 타오르는 것을
무엇이든 여자애에게 해 주고 싶은 생각이 드는 것을
다정하게 기도하는 마음으로 바꾸어
조용히 길을 쓸고 있다

마루젠 공장의 여공들

丸善工場の女工達

"그래도 괜찮은 편이야
우산을 빌려주는 공장은 다른 데는 없어"
낡은 우산을 같이 쓰고 가는 네다섯 명의 여공들
오후 5시의 소나기 속을
발돋움하고 옷자락을 허리까지 걷어 올려 귀엽게
조용한 센다기(千駄木) 거리를 지나간다

아아 지금 스쳐 지나간 여공들
마루젠 잉크 공장 여공들
너희들은 솔직하구나
쓸쓸한 듯하면서도 떠들썩하고
조심스러운 듯하면서도 쾌활하고
여러 가지 걱정거리가 있는 듯하면서도
또 여러 가지 꿈도 많은 듯하다
상상조차 할 수 없는 재미있고 우스운 꿈이지
수많은 청춘 중에서
활짝 꽃핀 너희들이다

너희들 스스로가 깨닫기에는 과분할 정도의 황홀함이
다
야채가게 갔다 오는
이 키다리 아저씨를
너희 중 한 명이 보고 웃었지
아저씨는 그 웃음을 좋아해
이유도 없이 나오는 웃음을
아아 얼마나 오랫동안 내가 잊고 있던 것인가

마루젠의 밝은 우산 속의 한 무리
젊고 어린 여공들은
비에 젖으면서도 부리나케
걸어서 집으로 돌아간다
아마도 지나가는 소나기인 듯한 빗줄기
문득 들려온 여공들의 말소리에서
신비로운 세계가 펼쳐진다
쓸쓸하지만 또 즐거운 세계
멀리 있는 듯하면서 가까운 듯한 세계다
어딘가에서 벌써 와글거리기 시작했다

빗속의 노트르담 대성당

雨にうたるるカテドラル

아아! 또다시 불어닥치는 비바람.
외투 깃 세운 채로 세찬 물보라에 젖으면서
당신을 올려다보고 있는 것은 저입니다.
매일 한 번은 반드시 오는 저입니다.
이 일본인입니다.
오늘 아침
동틀 녘부터 갑자기 사나워지기 시작한 폭풍우가
지금 파리 끝에서 끝까지 휘몰아치고 있습니다.
나는 아직 이곳 지리를 모릅니다.
파리 전역에서 미친 듯이 날뛰는 이 폭풍우가 어디 쪽을 향하고 있는지조차 모릅니다.
단지 나는 오늘도 이곳에 서서
노트르담 대성당
당신을 쳐다보고 싶은 탓에 비 맞으며 온
당신을 만지고 싶은 탓에
대리석에 남몰래 직접 키스하고 싶은 탓에.

아아! 또다시 불어닥치는 비바람.
벌써 카페가 문을 열 시간이지만
퐁네프 다리에서 보면
센강 가의 배는 모두 강아지처럼 강변에 묶여 있다.
가을빛으로 빛나고 있는 강변 플라타너스 가로수 잎은
매에 쫓기는 매새 무리처럼
반짝반짝 하늘하늘 휘날리고 있습니다.
당신 뒤편 마로니에는
뻗은 가지 끝이 부대낄 때마다
찌르레기 같은 잎을 하늘 위로 날려 보냅니다.
반대로 내리갈기는 빗방울로 인해 그것이 또
화살처럼 광장 돌바닥에 부딪혀 흩어집니다.
광장 전체가 무늬처럼
흐르는 은빛 물과 금갈색의 나뭇잎 덩어리로 가득 차 있습니다.
그리고 모공을 울리는 장대비 소리입니다.
무언가 짖는 소리, 삐걱거리는 소리입니다.
사람이 소리를 낮추자
파리에 있는 사람 이외의 것들이 일제히 소리 맞추어

울부짖기 시작했습니다.

외투에 금빛 플라타너스잎을 뒤집어쓰면서

나는 그 속에 서 있습니다.

폭풍우는 조국 일본에서도 이와 같습니다.

단지 우뚝 솟아 있는 당신 모습이 보이지 않을 뿐입니다.

아아! 노트르담, 노트르담

바위 같은, 산 같은, 독수리 같은, 웅크린 사자 같은 대성당

드넓고 맑은 대기 속의 암초

파리의 기둥

눈을 못 뜨게 하는 빗방울에 밀봉되어

뺨을 후려치는 바람을 고스란히 맞으며

아아! 눈앞에 우뚝 솟아 있는 노트르담 대성당

당신을 올려다보고 있는 것은 저입니다.

이 일본인입니다.

저의 마음은 지금 당신을 보면서 몸서리치고 있습니다.

비극 주인공 같은 당신 모습 보며

저 먼 나라에서 온 젊은이의 가슴은 벅찹니다.

왠지 모르는 마음의 고동은

공중의 외침 소리에 맞추어서 그저 전율하듯이 울리고 있습니다.

아아! 또다시 불어닥치는 비바람.

가능하다면 당신 존재를 없애서

원래의 빈 상태로 되돌려 놓으려는 듯이 자연의 4대 원소가 날뛰는 모습.

부옇게 희미한 빛을 발하는 비의 난립.

당신의 꼭대기를 가끔 스치고 지나가는 구름 조각.

종탑의 기둥 하나라도 부러트리려고 끈질기게 달라붙는 회오리바람

장미 모양의 레이스 장식 창에 부딪치고 튕기고 흘러내리며 날갯짓하는 꼬마 요정

빗줄기 사이로 보이다가 사라지는 저 높은 건축물의 빗물받이 용 조각만이

날아다니는 꼬마 요정 무리의 뒤를 이어

앞발을 들고 목을 뻗어

이빨을 드러내고 분수는 불기둥을 세차게 내뿜고 있습니다.

불가사의한 성도의 석상들은 이상한 손짓으로 서로 끄

덕이고

거대한 옆면 지벽(支壁)은 평소처럼 위팔을 드러내고 있다.

그곳에서 곡선을 그리며 뻗어 있는 몇 개의 팔에

아아! 비바람의 집중.

미사 때의 파이프오르간의 울림을 여기서 듣습니다.

저 가녀린 높은 첨탑 끝의 닭 모양 풍향계는 어떤 상태일까?

펄럭이는 물의 장막이 지금 사방으로 펴져 나갔습니다.

그 속에 당신은 서 있다.

아아! 또다시 불어닥치는 비바람.

그 속에서

800년 무게를 딱 버티고 서 있는 대성당

옛날 신자들 손에 의해서 하나씩 쌓아 올린 수억 개 돌덩어리.

진리와 성실이라는 영원으로 가는 발판.

당신은 그저 묵묵히 서서

불어닥치는 폭풍우를 가만히 버티고 서 있다.

당신은 자연의 강인함을 알고

게다가 대지가 요동치지 않는 한 비바람이 날뛰고 설치더라도 몸을 맡기는 침착함을 가지고 있다.

아아! 녹슨, 비에 젖어 빛나는 회색과 철색 돌 표면

이것을 만지는 내 손은

마치 에스메랄다의 흰 손등과 접촉한 것 같다.

그 에스메랄다와 연결되어 있는 괴물

폭풍우를 좋아하는 꼽추 콰시모도가 건물 돌출 장식물 그늘에 숨어 있습니다.

저 보기 흉한 육체에 담겨 있는 정의의 혼

강인한 힘

상처 주는 놈, 때리는 놈, 비행(非行)을 범하려는 놈, 멸시하는 놈

나아가 인색한 사람의 소문에는 묵묵히 등을 돌리고

자신을 낮추어 신을 섬기는

아아! 저 괴물을 당신이 낳았습니다.

꼽추가 아닌, 기괴하지 않은, 좀 더 밝고 좀 더 평범한 콰시모도가

당신의 장엄하고 게다가 감싸고 보호하는 엄마의 사랑으로 가득한 가슴으로 길러져

앞으로도 많이 태어나겠죠.

아아! 비 맞고 있는 대성당.

숨을 돌리고서 세차게 내리치는 비바람의 빠른 템포에

급히 지휘봉을 내린 순간

하늘의 모든 악기가 혼란에 빠지고

지금 그 주위를 선회하는 엉켜 버린 무도곡(曲).

아아! 이럴 때, 묵묵히 우뚝 솟아 있는 대성당

폭풍우에 고통받는 파리의 집들을 지켜보고 있는 대성당

지금 이곳에서

당신의 각석(角石)에 양손을 대고 뜨거운 볼을

당신의 표면에 딱 밀착하고 있는 자(者)를 무례하다고 생각하지 말아 주세요.

도취해 있는 자가 저입니다.

이 일본인입니다.

라코치 행진곡

ラコツチイ マアチ

가득 찬 청중은 숨죽이고 있었다.
먹이를 노리는 검은 표범의 조용함
전류와 같은 정숙
기분 나쁠 정도로 무풍지대인 관객석은 초만원이고
비수처럼 날카롭게 빛나는 수천 개의 눈동자만이
지금 지휘봉을 든 베를리오즈의 뒷모습 한곳에 집중했다.
잠시 손을 든 채로 오케스트라를 둘러보고 있던 그는
목이 부어올라 막힌 베를리오즈는
이때 뜻밖에 지휘봉으로 조용히 네 박자 저었다.
첫 소절부터 포르티시모를 예상하고 있던 청중은 당황스러워했다.
청중의 머리 위로 이상한 불안의 물결이 펴져 나갔다.
그러나 약간 완만하게 울려 퍼지는 트럼펫은
그 쾌활함과 위풍당당함으로
청중의 동요를 압도했다.

5초 10초

트럼펫의 잔향이 저 먼 하늘로 사라질 듯 말 듯 하는 순간에

오케스트라 전체가 재빨리

게다가 우아하게 이쪽을 향해

몽롱한 꿈을 실은 멜로디가 발소리를 울리면서 달려왔다.

젊고 싱싱한 플루트와 견실한 클라리넷이 같이

은(銀)으로 만든 징을 박은 안장에 올라타고 초목 울창한 산부리에 나타났다.

현악기의 탄력 있는 피치카토는

리듬을 나누어 대열을 속속들이 건져 올려

수놓아 가고

강철처럼 강하게

또 가지에서 가지로 날아다니는 작은 새처럼 가볍게

금빛 작은 꽃을 아로새기며

시원시원하게 조화미를 그려 낸다.

어디서부터라고 할 것도 없이 상쾌하게 얼굴을 때리는 조국의 바람

청중은 긴장한 채로 침묵을 지키고 있었다.

극도로 긴장한 단원들의 신경은
멈출 수 없는 힘에 의해 하늘 궤도를 달리고
모든 악기는 살아 있는 유기체가 되어
공중에서
신비로운 상형문자를 그리는 지휘봉을 감싸며 고동쳤다.
마지막 피치카토가 튀어 오르는 순간
곧바로 불어 닥치는 저음 회오리바람의 열기를 따라
뒤편 심벌이 때리는 과감한 일격.
상황은 급변하여
장갑을 내동댕이치고 칼을 뽑아 들고
아아! 마침내 찬연하게 모습을 드러낸 수만의 라코치 영혼의 목소리
그 호흡과 신음 소리
밀려온 파도가 부서지고 밀려가는 것처럼 보이는 순간
곧바로 물보라를 일으키며 달려든다.
그 소동을 뚫고 나와 불에 취해 출몰하는 샐러맨더(Salamander)*
현악기는 관악기를 좇아가서

추월하고 추월당하고 뛰어오르고 넘실거리고 분노하고 기뻐하고 헤어지고 만나고

세 번 선회하여 절벽에 다다라

이윽고 거슬러 올라 용솟음치는 거대한 폭포가 되어 무한한 심연으로 울리면서 떨어진다.

저음부의 밑바닥에서 무수한 정령들이 신음하며 발버둥 친다.

몽롱한 혼돈의 몇 초.

아아! 그때 저 멀리서 솟아나는 짙은 안개 속의 큰 북.

즉시 용솟음쳐 달리는 확신의 나팔.

의기양양하게 얼굴을 들고

급경사를 가득 메우고 뛰어 올라가는 정예들

빛나는 것들의 광채

서로 사격하는 것들의 소동

하늘 소리를 인간에게 속삭이는 영원한 성화(聖火)

아비규환이 오케스트라 전체에서 폭발하여

* 불도마뱀. 뱀 모양인 서양 전설상의 동물이다. 불 속에 살며 강한 독과 불을 끄는 힘이 있다고 한다.

음악당 공기에서 소용돌이치고

몰아의 청중은 조금은 두려운 박수와 발 굴림을 하며 미친 듯이 일어났다.

한 음 한 음이 그들의 피 한 방울 한 방울이 되고

모든 리듬은 그들의 생명 리듬이 되었다.

그들은 자신의 소리가 지금 천둥소리처럼 울려 퍼지는 것을 듣고 있었다.

행진곡을 압도하는 청중의 환호와 격앙.

베를리오즈의 머리칼은 오히려 공포로 곤두섰다.

스키야키 요네큐에서의 만찬
米久の晩餐

8월 밤, 지금 요네큐는 몽롱하게 끓고 있다.

칸막이를 터서 크게 만든 두 개의 방에
털썩 앉아 있는 생명체의 바다.
담배 연기와 인간미 느껴지는 전등의 소용돌이 속
오른쪽과 왼쪽, 앞과 뒤
얼굴과 모자, 머리띠와 나체, 고함 소리와 떠들썩함과
맥주병과 술병과 젓가락과 컵과 술잔
타고 있는 냄비와 부슬부슬한 안남미와
그리고 이 땀투성이 열기의 폭풍을 통제하면서
용수철처럼 종횡무진으로 뛰어다니는
오오 보이지 않는 제6감(第六感)의 귀와 눈이 손바닥에 있는
앞머리를 은행잎 모양으로 쪽 진 여전사 아마존의 무리.

8월 밤, 지금 요네큐는 몽롱하게 끓고 있다.

방 가득한 양파와 인(燐) 냄새를

전갈자리가 있는 짙은 남색의 남쪽 하늘에서 온 관대한 바람이

적당한 때, 휙 하고 날려 버리고

먼 바다의 오존을 모두의 부채에 나누어 주고 간다.

나는 식후에 즐기는 진한 녹차 맛을 음미하고

친구는 평소처럼 애용품 아사히(朝日) 담배에 불을 붙인다.

먹고 마신 뒤에 침묵을 지키고 있다.

해명(海鳴)이 속삭이는 몽상과 현실과의 교향악.

사장님 오래간만이네요. 그쪽 말고 이쪽으로 앉으세요…

김양. 시계 아래쪽 테이블 손님 계산…

바로 그때, 아저씨, 내 소대원들이 그 철교를…

이봐 술을 갔다 줘. 술. 술…

요네큐에 와서 그렇게 거만하게 굴어서는 안 돼요…

아직 너무 어려…

봐 저쪽에 와 있는 사람이 아무개 여성 사회주의자야. 상당히 점잖네…

그런데 도목수, 저 내 아들내미를…

알고 있어. 알고 있으니까 좀 더 기다려…

영업은 몇 시까지…

11시 반이에요. 좀 더 계셔도 괜찮아요…

엄청 덥네! 땀에 흠뻑…

뭐를? 아 계산! 1인분에 맥주까지, 1원 35전…

아이쿠 실수. 여기에 한 병이 숨어 있었네! 1원 80전…

네 미안합니다… 예 누가 부르셨죠…

8월 밤, 지금 요네큐는 몽롱하게 끓고 있다.

가득 놓여 있는 냄비 받침대 앞을
이 세상에서 가장 편안한 자신의 아지트로 삼아
가장 정직하게 식욕과 수다에 빠져 있는 군중
마치 영혼의 목욕탕처럼
자신의 마음을 자연스럽게 벌거숭이로 만드는 군중
여기저기에 숨기고 있던 우울함을 전부 드러내고
마시고 탐하고 크게 떠들고 웃고 그리고 가끔 화내는 군중
평소에는 세상 장벽에 가려 있던 내면을 드러내고

적어도 오늘 저녁은 기분 좋게 먹고 마시는 군중
몸을 불살라야 하는 내일은 잊고
부모와 젊은 아내에게 한턱낸다고 빈털터리가 되는 군중
여전사의 핀잔에 몸을 움츠리지만 용 문신이 있을 것 같은 군중
맞춘 지 얼마 되지 않은 양복이 신경 쓰여 등심을 먹는 군중
자신이 번 돈의 위력을 가만히 음미하는 군중
군중, 군중, 군중

8월 밤, 지금 요네큐는 몽롱하게 끓고 있다.

나와 친구는 무아지경에 빠져
정말로 몸에 좋은 요네큐의 산더미처럼 쌓여 있는 소고기를 칭송하고
이 강건한 인간의 식욕과 야수성에서 억누를 수 없는 자연의 소리를 들으며
오히려 이 세상의 기동력에 이런 맹목적인 요소가 부여된 것에 깊이 감동하며

또 여기저기 보이는 순미(純美)하고 인정 어린 풍경에 눈물지으며

산전수전 다 겪은 여종업원 실장의 짧은 인사에도

안기거나 또 안는 것 같은 사랑을 보내고

이 군중의 한 사람으로서 진심에서 우러나오는 열정을 생판 남인 그들 머리 위로 쏟으며

신기한 발랄함이 돋아나는 것을 느끼면서 조용히 자리에서 일어났다.

8월 밤, 지금 요네큐는 몽롱하게 끓고 있다.

크리스마스

クリスマスの夜

나는 망토를 뒤집어쓰고
교외의 겨울밤 공기를 온몸에 쐬며
오늘 탄생하였다는 사람의 일에 대해 마음속에 그리며
나도 모르게 가슴 펴고는 몸서리쳤다
—그의 탄생을 기뻐하고 감사하는 이들이 이곳에도 있다
그야말로 근원의 힘 만백성의 방패
그는 엄격하지만 또 상냥하다
새벽녘 같은 여성의 은은한 마음이 풍기고
대체로 남성다운 기품이 솟아난다
이 세상에서 가장 중요한 것을 가장 진심으로 추구한 사람
인간의 연약함을 꿰뚫고 있던 사람
인간이 강해질 수 있는 길을 알고 있던 사람
그는 자신의 몸으로 그 길을 보여 주었다
천상의 불, 그 사람

—그의 말은 모든 이의 아픈 곳을 건드린다
하지만 사람들에게 관대한 자유와 천진함을 얻게 해 준다
자신을 손상하지 않고 성장시켜 준다
그는 지금도 근처에 있지만
늘 눈부실 정도로 새롭다

많은 유혹을 받으며 나도
나의 천성을 정화해 왔다
지금 그를 생각하는 것은 힘이다
이 근성을 늘려 가자
철저하게 진흙탕에 빠지는 길을 걷자
지금도 이 세상에는 십자가가 기다리고 있다
그것을 피하려는 자는 죽는다
나도 가겠다
그의 탄생을 기뻐하고 감사하는 이들이 이곳에도 있다

어두운 골목길에서 벗어나자
순식간에 환해지며 벌써 정류장

갑자기 쾌활한 거리의 술렁임이 사방에서 들리고
귀가하여 잠자리에 들려고 하는 순진한 사람들 속으로
기세당당하게 전차가 동화 나라에서 잽싸게 비집고 들어왔다

겨울과의 이별
冬の送別

귀여운 서릿발은 이제 매일 아침 장난질을 그만두었고
단지 서리가 촉촉이 길을 적시고 있다.
아침은 아직 새벽 수증기를 마시고 울어 대는
저 할미새 울음소리의 매우 급격한 변화랑
수목의 마른 잔가지에 희미하게 흐르는
연분홍색의 물방울 같은 것이랑
천지를 만물의 큰 욕조로 삼고
귓속으로 파고드는 부드러운 것의 울림이랑
잠깐 사이에 한꺼번에 밀려드는 만조를 보라.
오오 그렇다면 벌써 그때인가!
봄의 전조, 겨울의 퇴진.

나는 지금 연녹색 하늘을 가득 쬐며 창가에 서서
이 생기발랄하고 청아한 풍경을 바라보며
밤이면 밤마다 불타오르는 이마를 식혀 주던 그 보이지 않는 손과

웅장하고 화려한 환상과 엄숙한 마음의 숨결을 떠올리고
현기증이 날 정도의 황홀함에 취해
조용히 저 멀리 겨울을 떠나보낸다.

겨울이야말로 세월의 골간
감정의 조련자.

겨울이야말로 내면에서 약동하는 힘의 효모
존재의 초석.

겨울이야말로 침묵을 지키는 거인
고뇌에 숭고함을 더해 주는 조각가.

오오 겨울이여 내게
당신은 무어라 형언할 수 없는 향연
정말로 존경해야 할 트레이너.
수만 명의 당신 식솔들은
천상의 신비에 의해 길러져
정말로 영묘(靈妙)한 의식을 갖고 있다.

나는 생각한다
저렇게 깊숙이 밝고 무겁게 내려 쌓여
땅 위의 신경을 부드럽게 잠들게 하고
한밤중에 홀로 흐뭇해하며 적막함 속에서 춤추는 눈[雪]을.
모든 게으름과 자연에 대한 반항을 무참하게 파헤치고
많은 원령과 정력을
단 한순간에 없애 버리는 분노의 눈을.
나는 또 생각한다
십자군의 젊은 기사 등이 신앙에 불타서
오직 똑바로 강철 말을 달리게 하는 것 같은
저 녹색의 대지에 불어닥치는 음력 2월의 찬바람을.
고민하는 어리석음을 금하고
진정한 강자의 비장함을 칭송하는
지붕을 두드리며 지나가는 바라문교 고행자를.
나는 또 생각한다.
풍경에 얼음의 마술을 걸어
수많은 무지갯빛 보석을 삼라만상에 드리우는
저 진눈깨비의 고귀한 행동을.

큰 성좌가 하늘 가득 진을 치고
무수한 횃불을 피우고
불빛 신호를 보내고 있는 찬바람 부는 밤의 장엄함을.
나는 또 생각한다
시든 풀이 빛나는 뜰 앞의 작은 풍경을.
잎이 진 뒤 밝아진 잡목 숲의 즐거움을.
무리 지어 나는 장난꾸러기 멧새를.
남쪽 하늘에서 오는 동양화 같은 직박구리를.
오오 그리고 이 모든 것의 위에서 푸른색으로 펼쳐지는
저 끝없이 투철한 하늘의 의지를.

겨울의 아름다움은 골격의 아름다움
겨울의 지혜는 성자의 지혜
겨울의 사랑은 영혼의 사랑

오오 겨울이여
이 온화함으로 가득 찬
당신의 장중한 퇴진이여
당신이 예전에
너무나 아름답게 눈으로 장식했던 벚나무 가지 사이로

저 성스럽고 엄숙한 연녹색 천국의 문을
나는 지금 싫증 내지도 않으며 배웅하는 것입니다.

5월의 아틀리에
五月のアトリエ

5월의 햇빛은 진짜 금발의 미소년
적당히 즐거운 듯이 득의만면하게 미소 지으며
탄력 그 자체인 것 같은 가벼운 몸을
그러나 어딘가 늠름한 스코파스풍의 내적 힘으로 전환해
오늘 아침도 벌써
원무(圓舞).
막 완성된 솔방울을 방울처럼 흔드는
저 얌전한 적송(赤松) 나뭇가지랑
창 가득 팔랑팔랑 나부끼는
말괄량이 벚나무 새잎이 적당한 상대다.

열일곱 모델 처녀는
오자마자 옷을 벗고
아아 너무나 5월 초순에 어울리는 생명체!
천연과 자연의 자유로움으로

엉뚱한 토끼처럼
귀를 세우고 단상 제자리에 웅크린다.
녹색의 흔들리는 큰 창을 배경으로
연분홍 유두에서 장난치고 있는 것은
어느새 숨어 들어온 저 날개가 달린 미소년.

완전히 지쳐 버린 나는 진흙투성이 손을 씻고
오히려 조금 우울한 기분이 들어
자신의 조각에 물을 뿌려서
점토의 양감에 일어나는 명암을 추구하고
이윽고 안락의자에 깊숙이 몸을 누이고
팽팽하던 주의력의 현(弦)을 느슨하게 한다.
아틀리에 구석의 연한 어둠은
희미하게 연기가 낀 것처럼 그을음색으로 멀어지고
차가운 고대의 속삭임으로 가득차고
장엄하고 청정하고 지혜로운 부처의 부드러운 윤곽은
천년 넘게 느린 템포로 흐른다.
이카루가(斑鳩) 궁궐* 유메도노(夢殿) 법당**에 등불은 빛나고 있지만
눈에 들어오는 관세음보살은 반 정도 명토(冥土)의 경

계선에 있고

새잎에 묻힌 범패 무리는

신비롭고 아름다운 음악으로 영혼을 잠들게 한다.

"선생님, 저기 선생님

이것 좀 보세요."

젊음에 불타는 처녀 마음은

발 위로 기어오른 한 마리의 개미조차

그 한 마리의 개미조차

정말로 세상에서 가장 반가운 친구를 발견한 것 같다.

"너도 수염이 있구나!

무슨 생각을 하고 있니?

그리로 가면 떨어져요!

자, 이 과자를 먹어 봐.

* 601년, 세토쿠(聖德) 태자가 나라(奈良)에 건설한 궁궐이다. 호류지(法隆寺)절은 그 터에 세워졌다고 한다.

** 호류지(法隆寺)절의 팔각형 대웅전인 도인(東院)을 일컫는다. 세토쿠 태자의 꿈에 부처가 나타나서 가르침을 주었다는 전설에 의해 이름 지어졌다.

이 과자는 싫어?
발 위로 올라오면 안 돼.
너의 집은 어디야?"
이윽고 처녀의 명령으로
나는 손바닥에 개미를 살짝 올려
창밖의 장미 잎에 놓아주었다.
오전 11시의 밝음으로 가득 찬 공기를 마시고
나는 두세 번 양팔을 뻗고
전신의 힘을 팔에 모은다
그리고 처녀의 몸을 본다.

아아 "젊음은 그 무엇과도 바꿀 수 없지"라고
로댕도 수첩에 적었다.
만물의 젊음
인간의 젊음
예술에 담겨 있는 영원한 젊음.
이 한 명의 조각도(徒)는
저 금발의 미소년과 미소를 교환하고
살아 움직이는 토끼와 같은 열일곱 처녀 몸에
질투와 비슷한 찬탄을 금할 수 없어

지금 점토를 손에 쥐고
마치 잡아먹을 듯이 보고 있다
보고 있다.

사막
砂漠

묵직한 열기로 타오르고 있는 모래 바다다
너무 밝아 반짝반짝하는 어두운 지평선이다
정숙해서 음파로 가득한 조용함이다
무서운 힘이 숨죽이고 있는 축적이다
끝없는 원만함이다
넘치는 허무함이다
사자와 타조의 낙원이다
만백성을 위한 신의 천막이다
사막 사막 사막 사막
남몰래 뛰어다니는 내 영혼의 피난처다

가시 돋친 경구
とげとげなエピグラム

나는 구하고 있다
가장 친근한 적을
안심하고
싸움을 할 수 있는 적을.

*

시는 나의 안전핀.
없어서는 안 되는 것의 목숨은
안에서 정해진다.
밖에서 정해지는 것은 가격뿐.

*

먹었던 것을 되새김질하면서
늘 지평선을 보고 있는 낙타여
볼품없고 얼간이 같은 낙타여
네가 내 안에 있는 것만으로
나는 편안해.

*

조각은 나의 연금술
얻을 수 없을지 모르는 돈을 벌고자
금단의 정원 동굴에 세찬 불을 피운다.
너무 가까이 다가오지 마.

*

부디 결정하지 말아 줘
희망적이지만은 않아
아름답지만은 않아
어두운 것 더러운 것
기가 막히는 것 잔인한 것
그런 맹수들로 가득 차 있는
나는 사막이다.
그래서 아름다운 세계를 너무나 동경합니다.

*

이 맹수들을 길들여서
원래의 낙원으로 되돌려 보내는 것이
왠지 두려운
나의 큰 바람.

맹수 시편(猛獸 詩篇)

북극곰
白熊

굵은 설탕 같은 눈[雪]이 남아 있는 브롱크스 공원에
그는 일본놈(JAP)답게 벙어리 같은 표정으로
모처럼의 휴일에 북극곰 우리 앞에 서 있다.

북극곰도 묵묵히 이따금 그를 본다.
북극곰이란 놈은 느릿느릿한 것 같지만
홱 하고 날아서 몸을 떨면서 얼음을 부수고 물을 뒤집어쓴다.

바위로 만들어진 동굴에 날카로운 고드름이 매달려 있고
그것이 무지갯빛으로 빛나며
그 머리에 분노와 비슷한 유쾌한 선율을 끊임없이 연주한다.

7달러의 급료에서 방세를 내고 나니

동전 몇 개가 주머니에 남아 있다.
그는 주머니에 손을 넣은 채로 말없이 서 있다.

두 마리의 북극곰이 물에서 나와
북극 지방을 연상시키는 일자형 등을 흔들면서
소리 없이 얼어붙은 콘크리트 위를 돌아다닌다.

아주 평평한 이마와 연분홍의 탐욕스러운 입술과
아주 뛰어난 완력을 숨기고 있는 흰 육체와
그리고 조그맣고 이국적인 도깨비불 같은 눈[目]과.

그는 울타리에 기대어 귀에 찬바람을 맞으면서
적막한 영혼의 빙원에
까닭 없이 즐겁고 장렬한 마음을 불태운다.

북극곰이라는 놈은 끝까지 사람과 친숙해지지 않고
안으로는 무시무시한 본능의 십자가를 이고
뉴욕 교외에서 홀로 북극해의 숨을 내뿜고 있다.

교양주의적 온정의 미천함이 그 주위에 가득 차 있다.

숨 막힐 정도로 고마운 기독교적 유물론은
공상에 빠져 있는 한 일본놈(JAP)을 죽이려고 한다.

북극곰도 묵묵히 이따금 그를 본다.
일주일 만에 비로소 "괜찮아?"라는 말을 듣지 않고
그도 침묵에 빠져 거대한 북극곰 앞에 가만히 서 있다.

상처를 핥는 사자

傷をなめる獅子

사자는 상처를 핥고 있다.
어딘지 알 수 없는
망망대해와 같은
우주 밑바닥에 노출되어
반짝 반짝 반짝 반짝
원근이 없는 빨간 모래 바다의 한쪽 구석
귀가 멀 것 같은 폭염의
적막한 공기에 둘러싸여
자오선 아래의 요새
우뚝 솟은 바위 모서리에 털썩 누워
사자는 상처를 핥고 있다.

그 갈기는 여호와의 귀밑털
거대한 이마는 무적의 휘장
속도 그 자체인 육체는 지금 휴식을 취하고
조용한 리듬으로 반복, 반복해서

아름답고 늠름한 왼쪽 어깨를 핥고 있다.

사자는 이미 잊고 있다
인간의 집요하기 짝이 없는 간사함의 깊이를.
저 극락조 무리가 놀고 있는 샘물 주위
신이 다스리는 상록수 오아시스에서
물의 유혹을 신에게서 훔쳐
추접스럽고 표 나지 않게 설치한
비열하고 검은 강철 덫을.

어깨에 파고든 금속 날을
살과 함께 떼어 낸 사자는 태연했다.
분노와 경멸과 비웃음과 자존심이 뒤섞인
단 한마디의 외침은 평화로운 야자나무 숲을 뒤흔들었다.
그리고 사자는 100리를 달렸다.

지금은 그저 즐겁게 상처를 핥고 있다.
어딘지 알 수 없는
망망대해와 같은

귀머거리 같은 고독 속
길을 잃어도 전혀 걱정이 없는
상냥한 암사자의 귀가를 기다리며
자유와 활보밖에 모르고
용기와 결백밖에 없는
미래와 빛만 보는
언제나 새롭고 아기처럼 순수한 영혼을
적막한 공기 속에서 가끔씩 찾아오는
눈[目]도 아득히 먼 우주로부터의 훈풍을 맞으며
사자는 상처를 핥고 있다.

기차 안의 로댕

車中のロダン

새까만 철판이 깔려 있는 3등칸에도 군중이 있었다.

군중은 어디에나 있으면서 로댕을 괴롭혔다.

거리를 걸으면 모두 뒤돌아보았다.

폴리베르제르 쇼에서는 군중이 잠옷 차림의 발자크의 재담에 요절복통했다.

미치광이의, 짐승 같은, 이기주의적인, 독선적, 속 보이는, 공갈 같은

이 모든 것이 로댕의 형용사가 되었다.

친구들은 한 사람씩 그를 떠나갔다.

만나면 듣기 좋은 말을 하지만

돌아서서는 모두 로댕을 비웃었다.

옹호하는 것 같은 문장을 쓰는 비평가조차도

언제라도 도망갈 수 있는 여지를 남겨 두었다.

가끔 존경심을 표명하지만

그것은 존경심을 가장한 경멸이었다.

하지만 장갑차와 같은 새까만 3등칸 구석에서 아무리

생각해 봐도

로댕은 자신이 잘못했다는 생각이 들지 않았다.

무엇이 잘못되었는지 알 수 없었다.

당연한 일을 했고

자기 내면의 규칙을 따랐을 뿐이다.

만약 자신이 만든 발자크상(像)이 그토록 잘못되었다면

그 책임은 신에게 있는 것이다.

'네 멋대로 생각해라'며 자신도 모르게 이마를 찡그리면서 바로 앞의 남자를 째려보았다

왁자지껄한 군중의 말소리가 곧바로 로댕을 기죽게 만들었다.

진흙투성이의 쓸쓸함이 괴로웠다.

3등칸은 평소와 같이 세브르를 통과했지만

로댕은 꼼짝 않고 차창 밖을 바라보고 있었다.

갑자기 누군가가 어깨를 쳤다.

카리에르가 미소를 지으며 손을 내밀었다.

"자네는 과거의 미술가 모두를 자신의 속에서 되살려 현재 사람으로 만들어 버리지!"

그렇게 말하고 로댕을 물끄러미 보았다.

"높은 이상을 가진 인간이 일반적으로 얼마나 도움이 되는지 세상은 몰라. 미의 영웅을 알아볼 수 있다면 저속하게 있을 수 없지!"

침묵을 지키고 있던 로댕의 눈에 진정한 신뢰와 광명이 되살아나는 것을 그는 보았다.

이윽고 로댕은 조용히 말했다.

"카리에르 씨. 저기에 있는 처녀의 목덜미가 마치 마리아 같군요!"

미쳐 날뛰는 소

狂奔する牛

아아 당신이 그렇게 두려워하는 것은
지금 저것을 보았기 때문이에요.
마치 '묻지 마' 칼부림처럼
이 깊은 산속 땔감 나무들을 울리면서
이 깊은 적막감 속에서 엄청난 눈사태를 일으키고
지금은 벌써 어딘가로 가 버린
저 미쳐 날뛰던 소 떼를.

오늘은 이제 그만둡시다
그리고 있던 호타카(穗高) 능선에
이미 테르베르트(terre verte)의 구름이 끼었습니다.
창 모양 얼음이 녹아서 흐르는
저 하늘색 아즈사(梓)강에
이미 산들이 드리워졌습니다.
계곡의 사시나무가 멀리서 불어온 바람에 흔들리고 있습니다.

오늘은 그리는 것을 그만두고
인적이 끊긴 에덴동산을 오염시키지 않을 정도로
또 모닥불을 피웁시다.
자연이 깨끗하게 청소한 이 이끼 위에
당신도 조용히 앉으세요.

당신이 그렇게 두려워하는 것은
우르르 도망친 암소 떼를 쫓아가서
왠지 모르게 숨찬
피투성이의, 젊은, 저렇게 변모한 암소를 보았기 때문이에요.
그렇지만 이 성스러운 산꼭대기에서 본 저 노골적인 동물적 본능을
언젠가는 당신도 가엽다고 생각할 때가 오겠죠
좀 더 많은 일들을 몸으로 체험하고
언젠가는 조용한 사랑에 미소 지으면서 –

코끼리 저금통

象の銀行

센트럴파크 동물원의 멍청한 코끼리는
사람들이 던져 준 각종 동전을
아주 큰 코로 능숙하게 주워서는
위쪽에 있는 코끼리 저금통에 정확하게 넣는다.

가끔씩 빨간 눈을 움직이고 코를 쑥 내밀어
'그들'이 일본놈(JAP)이라 부르는 자에게 동전을 달라고 한다.
코끼리가 그렇게 하는 것이
그런 말을 듣는 것이 기뻐서 동전을 또 던진다.

인도산 멍청한 코끼리
일본산 쓸쓸한 청년.
모여 있는 '그들'을 보아라
왜 이 둘 사이가 아주 좋은지를.

석양을 받으며 센트럴파크를 걸으면
나일강에서 가져온 오벨리스크가 나를 본다.
아아 분노하고 있는 자가 여기에도 있다.

다락방에 돌아와서 '그들'의 일본놈(JAP)은 혈통에 채찍질을 한다.

돈
金

아틀리에의 점토를 얼게 해서는 안 된다.
지에코(智惠子)여
저녁 무렵 부엌이 아무리 쓸쓸하더라도
석탄을 때자
침실의 모포가 얇으면
그 위에 방석을 깔더라도
새벽녘 추위로
아틀리에 진흙을 얼게 해서는 안 된다.
나는 겨울밤의 불침번
수은주의 척후병을 보내서
저 북풍을 역습하자.
설날에 조금 쓸쓸하더라도
지에코여
석탄을 때자.

메기
鯰

양동이 속에서 철썩 하고 뛰어오르는 소리가 들린다.
밤이 깊어 가자 조각도 칼날이 더욱 차가워진다.
나목(裸木)으로 만드는 것은 겨울밤 북풍의 짓이다.
난로에 넣을 석탄이 떨어져도
메기여
너는 얼음 밑에서 거대한 꿈을 꾸고 있니?
편백나무 부스러기는 나의 식솔
지에코는 빈곤에 놀라지 않는다.
메기여
너의 지느러미에는 칼이 있고
너의 꼬리에는 촉각이 있고
너의 아가미에는 니엘로 장식이 있고
그리고 너의 낙천성이 아둔함 때문이라는 것은
나에 대한 적절한 비유이기도 하지.
바람이 잦아들자 방 안에 난(蘭) 향기가 난다.
지에코는 잠들었다.

나는 조각하기 시작한 메기를 옆으로 제쳐 놓고
칼 가는 물을 갈고는
다시 내일을 위해 조각도를 날카롭게 간다.

예리한 통찰
苛察

큰 독수리가 머리를 거꾸로 한 채로 하늘을 본다.
하늘에는 떨어지는 낙엽도 없다.
나는 쇠창살을 짤랑 하고 두드린다.
몸서리 – 그리고
큰 독수리의 고지식한 거대한 눈이
창(槍)처럼 휙 하고 날아온다.
뿔처럼 털을 세우고 내 눈을 바라보는 두 눈동자를
내가 또 한 시간 동안 가만히 바라보고 있었던 것은
한겨울 낮, 남모르는 쓰라림이 시킨 짓이다.
'독수리야 미안해' 하고 내가 말했다.
이 세상에서는
보는 것이 괴로운 것이다.
보이는 것이 비참한 것이다.
간파하는 것이 위험한 것이다.
우리들의 고독은 정말로 여기에서 온 것일까?
이 차가운 돌난간이라면

그렇지 않으면 저 밑바닥의 바닥까지도 푸르른 하늘이라면 알고 있을까?

성녀 잔 다르크

聖ジャンヌ

신으로부터 분부받은 일을 하는 것은 당연한 것이다
정말로 그렇다. 시골의 처녀여
그것은 인간들끼리 만든 이 세상에서
조금은 지나치게 진지해서 괘씸한 점도 있지만
그것은 전혀 영리하지 않은 점도 있지만
너의 낯선 눈동자는 놀랍게도 내 가슴을 후련하게 했다
결국 약간이라도 저 목소리를 들은 자는
외톨박이가 되는 것이다
이 세상의 방해물이 되는 것이다
화형이든
아사(餓死)든
아아 하지만 정말로 황홀하게 만드는 목소리구나

뇌수*

雷獸

화약 냄새 나는 것은 괜찮다.
공기를 세차게 찢는 천둥소리에 춤추며
하늘에서 떨어져 근처를 여기저기 뛰어다니고
힘차게 깃대를 쥐어뜯고
재빨리 먹구름 속으로 몸을 감추는 것은 괜찮다.
뇌수는 어디에 있어?
뇌수는 하늘에 있다. 바람이 탄생하는 곳에 있다.
산을 뒤흔드는 폭발음 속에 있다.
포물선을 그리는 폭탄 속에 있다.
폭죽 속에 있다.
목련 속에, 버드나무 속에, 억새 속에 있다.
젊은 여성의 어금니 속에 있다.

* 상상의 동물로 강아지를 닮았다고 하는데 소나기가 내릴 때면 구름을 타고 돌아다니다가 번개와 같이 지상에 떨어져 사람과 가축에게 해를 끼치거나 나무를 가른다고 한다.

그리고 어쩌면
진짜 시인의 이마 주름 속에 있다.

가을을 기다린다
秋を待つ

다시 샤워를 하자.
도시에 살다 보면 향수 냄새처럼 되고
산에 오르면 안개처럼 되고
논에 가면 거름 냄새처럼 되고
양심적이라는 것도 좋은 게 아닌데
아아 나는 그 속에서 흐느적거린다.
태양과 신은 늘 궤도의 저편에 있어 줘.
저 남서쪽 하늘 귀퉁이에서
가을이 불쑥 오는 날을
가슴 후련할 정도로 아름답게 변해 기다리기 위해
아아 다시 한번 샤워를 하자.
깔끔하게 닦은 자신의 몸이기에
둥근 두 팔과 가슴 언저리에서 희미하게 피어오르는
무어라 형언할 수 없는 향기롭고 멋질 것 같은
생명체다운 자신의 피부 내음을 다시 한번 음미하자.

화성이 떠 있다
火星が出てゐる

화성이 떠 있다.

결국 어떻게 하면 좋을까 하는 질문은
모처럼 더듬어 온 사색의 길을 원점으로 되돌린다.
결국 어떻든 상관없다는 말인가?
아니 아니 무한대의 부정.
기다리는 것이 좋아. 그래서 첫 번째 힘으로
그런 물음에 덤비는 너의 약점을 없애는 것이 좋아.
예약되어 있는 결과를 생각하는 것은 비겁하다.
올바른 원인을 위해 살아가는 것
그것만이 깨끗한 것이다.
너의 마음을 다시 흔들어 놓기 위해서는
다시 한번 머리를 높이 들고
모두가 잠들어 고요해진 고마고메(駒込) 구릉지 바로 위에서 빛나는
저 크고 새빨간 별을 보아라.

화성이 떠 있다.

늦가을 찬바람이 쥐엄나무 열매를 달그락달그락 울린다.

개가 발정해서 광분한다.
낙엽을 밟고
덤불 밖으로 나오니
절벽.

화성이 떠 있다.

나는 모른다
사람이 무엇을 해야 하는지를.
나는 모른다
사람이 무엇을 얻으려고 해야 하는지를.
나는 생각한다
사람이 자연의 일부가 될 수 있다는 것을.
나는 느낀다
사람이 무(無)와 다름없기에 대(大)라는 것을.

아아 나는 몸이 떨린다
무와 다름없다는 것의 늠름함이여.
무조차 사라진
필연의 가득함이여.

화성이 떠 있다.

하늘이 뒤에서 회전한다.
수많은 저 너머의 세계가 올라온다.
나는 이미 옛날 시인처럼
천사의 반짝임을 그 속에서 보지 않는다.
나는 단지 듣는다
깊은 에테르의 파동 같은 것을.
그래서 단지
세계가 한없이 아름답다.
모르는 것투성이의 알 수 없는 아름다움이
성큼성큼 나에게 다가온다.

화성이 떠 있다.

겨울이라는 녀석
冬の奴

겨울이라는 녀석이 에취 하고 재채기하자
자신도 모르게 모두가 뜨끔해서
파도조차 단번에 맑아진다.
정말이지 겨울이라는 녀석은 인정머리 없는 얼굴을 하고
텅 빈 하늘 가운데로 부드득부드득
엷은 갈색 태엽을 감는다.
겨울이란 녀석은 명백한 수학 원리로
영혼의 연약함을 쫓고 쫓아서
어찌할 수 없게 만든다.
아무렇지 않게 아침 신문을 읽고 있어도
얼어붙은 손톱 끝에서 느껴지는 것은
겨울이란 녀석의 결심이다.
엊저녁까지의 마음 속 풍경 따위는
아주 쭈글쭈글한 신기루.
아아, 겨울이란 녀석이 나를 때린다. 나를 때려.

내 가죽을 벗긴다.
내 몸을 포기하게 만든다.
나를 산산조각 내어 눈[雪]으로 묻는다.
그러고 나서 겨울이란 녀석은 일어나라고 한다.

‘좋아, 한번 해 보자’고 결심한다.

분노

怒

분노란 무엇?
분노란 존재의 가죽 벨트.
사람 그 자체에 무슨 분노를!
인과의 괴상함, 인간의 무기력함에 화가 난다.
무기력한 자의 부지런함을 누가 알리오!
뒤덮이는 부당함에 화가 난다.
화내는 것을 두려워하지 않는다.
분노는 무명(無明)의 반대.
힘의 변압(變壓)
구름 떼 속에 잉태되어 있는 우레.
분노는 인간을 정화한다.
분노는 인류의 방향을 바로잡는다.
화내는 것을 두려워하지 않는다.

꽃밭에서 신선을 만나다
花下仙人に遇ふ

꽃이 만발해 있는 곳에서
사슴과 학과 놀고 있는 백발노인이여!
고민에 빠져 있는 제 인사를 받아 주십시오.
그리고 법을 가르쳐 주십시오
스스로를 욕보이지 않고 아사(餓死)하지 않는 법을.
수많은 친구들이 최후의 보루에 몸을 의지하고 있습니다.
꽃에서 떨어지는 물방울로 제 눈을 뜨게 해 주십시오.
제가 원하는 것은 불로약의 비밀보다
저 철근처럼 견실한 악력(握力)과 타진(打盡)력.
이대로 헤어지면 머지않아
저희들은 모두 사회악 속에서 죽을 것입니다.
꽃이 아무리 어지럽게 져도
노인이시여
오늘만큼은 이 학을 절대로 되돌려드리지 않겠습니다.

시인
詩人

아무리 눈을 가려도 나는 가고 싶은 쪽으로 간다.

아무리 돌려도 나침반의 바늘은 진북(眞北)을 가리킨다.

아름다움을 바라보는 사람

美を見る者

사보나롤라가 화형에 처해질 때
불꽃과 연기의 소용돌이를
묵묵히 지켜보던 화가가 있었다.

나는 여성을 발가벗기고는
머리끝에서 발끝까지 잔인할 정도로 바라본다.

이 세상의 아름다움으로부터 도망치고 싶지 않다.
목숨을 걸고서라도
이 세상의 아름다움으로부터 물러나고 싶지 않다.

묘비명

或る墓碑銘

일생을 헛되게 산 남자 여기 잠들다.

그는 무가치하게 살았다.

그는 단지 인생에 널리 퍼져 있는 보이지 않는 법칙에 따라 움직였다.

그는 늘 자신의 몸뚱이에 집착하지 않았다.

그는 시를 썼지만 시가(詩歌)의 아성을 인정하지 않았고

그의 조형미술은 나무와 돌이라는 구조로 환원하였다.

그는 인간의 비소함에 분노하였고

그 근원을 가치감정으로 돌렸다.

그래서 그는 무가치하게 살았다.

일생을 헛되게 산 남자 여기 잠들다.

겨울 메시지
冬の言葉

겨울이 또 와서 천지를 청초하게 만들었다.
겨울이 드러나게 한 것은 만물의 본성

하늘은 역시 높고도 멀고
수목은 정말로 청아하다.

벌레는 생식을 마치고 태연하게 죽고
서리가 내리면 풀은 말라죽는다.

이 세상의 약간의 허세와 치장도
겨울은 느닷없이 유린한다.

겨울은 늦가을 찬바람을 통해 선언한다
인간이 만든 가치를 버리라고.

너희들의 애처로운 자부심을 버리고

단지 너희들에게 맞는 일에 몰두하라고.

겨울이 또 와서 천지를 청초하게 만들었다.
겨울이 드러나게 한 것은 만물의 본성
겨울은 모루를 두드리며 또 외친다
일생이 헛되게 되더라도 참인생에 관여하라고.

너덜너덜한 타조
ぼろぼろな駝鳥

무엇이 재미있어서 타조를 기르냐!
동물원 네 평 반의 진창 속에서는
다리가 너무 길지 않을까!
목이 너무 길지 않을까!
눈 내리는 나라에서 이 상태로는 날개가 너무 너덜너덜하지 않을까!
배가 고프니 딱딱한 건빵도 먹겠지만
타조의 눈은 먼 곳만을 보고 있지 않을까!
체면이고 뭐고 없이 슬프게 타오르고 있지 않을까!
남색 바람이 당장이라도 불어오기를 기다리고 있지 않을까!
저 작고 소박한 머리에 무한대의 꿈이 소용돌이치고 있지 않을까!
이것은 이미 타조가 아니다. 아니야!
인간이여
당장 그만두어라, 이런 짓을!

용
龍

하늘 전체의 먹구름을 순식간에 찢고
대양(大洋)의 파도를 깔때기로 빨아 올려
음산한 열대지방 섬 그늘에
빠드득빠드득 일으키는 물기둥을
비스듬하게 빛나는 것은 발톱
세로로 찢는 것은
꼬리 끝의 칼
눈에서 나오는 불꽃은
한순간에
바다를 말려 버리고
동굴에 휙휙 하고 바람을 불러와서
공기의 막힌 혈(穴)에
파열의 침을 놓고
금방 나타났다가 금방 사라지고
자연계에
청량하기 짝이 없는 질서를

던져 주고
승천하는
용.

당연한 일

當然事

당연한 일이기 때문에
당연한 일을 하는 것이다.
하늘을 보면 속이 시원하기 때문에
절벽 위에 서서 하늘을 보는 것이다.
태양을 보면 즐겁기 때문에
양동이 같은 새빨간 해를 숲속에서 보는 것이다.
산에 가면 청결해지기 때문에
산과 계곡의 메아리와 대화하는 것이다.
바다에 가면 영원을 직접 볼 수 있기 때문에
배 위에서 거대한 성좌에 놀라는 것이다.
강 흐름은 느긋하기 때문에
강가에 서서 계속 보고 있는 것이다.
천둥은 엄청난 협박이기 때문에
천둥 울리면 움츠러드는 것이다.
폭풍우가 그치면 숲 내음이 짙어지기 때문에
물방울 맞으며 푸른 잎 아래를 산책하는 것이다.

새소리는 나보다 더 내 목소리 같기 때문에
벚나무 가지의 멧새 소리에 빠져드는 것이다.
돌아가신 엄마가 그립기 때문에
엄마의 환영이라면 한낮의 길에서라도 기뻐하는 것이
다.
여성은 아름답고 온화하기 때문에
그 어떤 여성일지라도 마음을 열고 빠져드는 것이다.
인간의 육체는 빛나면서 영혼을 빼앗기 때문에
모든 나체를 빠짐없이 탐하고 또 탐하는 것이다.
사람을 해치는 것이 싫기 때문에
살인자를 돕지 않는 것이다.
나라는 사람은 구두쇠이기 때문에
평생을 헛되게 살아가면서 길을 찾는 것이다.
모두와 신호를 주고받고 싶기 때문에
손을 드는 것이다.
오장육부가 엉망진창이지만 동경하는 것을 어필하고
싶어서
알맹이만을 끄집어낼 수 있는 시를 쓰는 것이다.
시는 살아 있는 말을 추구하기 때문에
표현 기교의 차용을 멀리하는 것이다.

사랑은 수수한 열정이기 때문에
단지 공기처럼 몸에 가득 찼으면 하고 생각하는 것이다.
올바름, 아름다움에 끌리기 때문에
자석 바늘로도 변신하는 것이다.
당연한 일이기 때문에
태연하게 할 일 하려는 것이다.

그런 친구
さういふ友

말하지 않아도 마음이 통하는
좋은 면 나쁜 면 모두 가진
그런 친구가 있는 것은 좋은 일이다.
조금 자란 다박수염을 보면서
도쿄만(灣)에서 불어오는 바람 소리 듣기도 하고
산속 메아리에 대해 이야기도 하고
품 안에서 책을 끄집어내기도 하고
그런 이야기를 하는 동안 한 걸음씩
저 천문학이 조금씩 진보한다.
어느 궤도가 진실인지
어떤 현상이 필요불가결한 것인지
어떤 수학 이론이 정확한지
말없이 불타오르는 학문을
그런 친구는 버리고 간다.
그런 친구가 많아지면 좋겠다.
이 세상에서 나 자신이

그런 친구라면 좋겠다.

철통 방어

쓸데없는 생각을 이 머리에서 단절해 줘.

불타지 않는 심장

燒けない心臟

이 생각을 버릴 수 없다.
아무리 꿈이라 치더라도
절대로 그곳에 있다.
자신의 것인지 남의 것이지
어쨌든 몸 안에 자리 잡고
어딘지 보이지 않는 수많은 천체와
지난 수천 년 동안 신호를 주고받고 있다.
루앙에서 화형에 처해진 저 소녀의
심장만은 살아 있다는 것은 사실인 것 같다.
내 몸도, 당신 몸도, 그의 몸도
이 마음은 당해 낼 수 없다.
아무리 꿈이라 치더라도
절대로 그곳에 있다.
어찌할 도리가 없다.

목숨을 걸고

首の座

마(麻) 열매 쪼고 있는 곤줄박이 보면서
나는 지금 곤줄박이를 조각하고 있다.
이것이 완성되면 나무로 조각된 곤줄박이가
저 맑은 겨울 하늘로 날아갈 것이다.
이 신비로움을 이 세상에 탄생시키는 것이
내 목숨을 건 지상 최대 과업이다.
그 신비로움이 어떻게 되어야
수세기의 피를 뒤집어쓴, 너, 인욕(忍辱)의 친구여
불가항력이라는 손을 내밀어 주겠니?
아아 거부하기 힘든 정말 사랑하는 친구여
너는 오히려 나를 두 개로 찢어라.
이 보잘것없는 창조의 기술은
지금 내 존재의 모든 것을 요구한다.
이 곤줄박이가 날개 펼치고 하늘을 날기까지
목숨 걸고 하늘에 답하려 한다.

조슈 유비소 풍경
上州湯檜曾風景

산봉우리에서 봉우리로 사이렌 소리가 울려 퍼지고
오아나(大穴) 노동자 숙소는 이미 텅 비었다.
산과 산이 맞닿아서 계곡이 된다.
계곡 막다른 곳은 늘 방대한 체적의 분수령이다.
터널은 아직 뚫리지 않았다.
2000명의 조선인은 어디에 있지?
도아이(土合), 유비소의 움막에 비가 내린다.
결막염 걸린 숙소 하녀가 자주 웃는다.
김에 감싸인 채 서 있는 내 알몸의
강바람 시원한 오른편에 새소리, 왼편에 리벳 박는 소리.
간이 철도, 철골, 시멘트, 중국 음식.
삼각산에 붉은 기.
—발파 신호다. 말[馬]을 멈추게 해라.
또 식민지에서 모집해 온 한 무리의 인부.
내 나막신의 후박나무 굽이 세로로 갈라지고

2000명 육체 위로 10리 산길이 새파랗게 질려 있다.

무제
無題

시인이라는 것은 특권이 아니고 불가피한 것이다.
시라는 것은 문자가 아니고 말이다.
말이라는 것은 로고스가 아니고 액트(Act)다.
액트는 원시(原始)에 서 있고 "나에게는 문학뿐".

격동하는 것
激動するもの

그런 말로는 표현할 수 없는 것이 있다
그런 사고를 받아들일 수 없는 것이 있다

그런 색으로는 나타낼 수 없는 것이 있다
그런 관점으로는 그려 낼 수 없는 것이 있다

그런 길과는 전혀 다른 길이 있다
그런 도형에 전혀 들어맞지 않는 도형이 있다

그런 것이 이 공간에 충만하는 것이다
그런 것이 티끌 속에서 격동하는 것이다

그런 것만이 어떻게든 나를 움직인다
그런 것만이 이삭여뀌에 빨간 점들을 찍는 것이다

조각도 가는 사람

刃物を研ぐ人

묵묵히 조각도를 갈고 있다.
벌써 해 저물어 가는데 아직도 갈고 있다.
양쪽 날을 딱 맞게
칼 가는 물 갈고 나서 또 날을 갈고 있다.
도대체 무엇을 만들 생각인지
그것도 모르는 채
한순간의 기를 미간에 모으고
새잎 그늘에서 조각도 가는 사람.
이 사람 소매는 점차 찢어지고
이 사람 수염은 하얗게 변해 간다.
분노인지, 필연인지, 무심(無心)인지
이 사람은 오로지 터무니없이
무한급수(無限級數)를 좇고 있는 것인가?

초상화
似顔

경외하는 마음으로 스케치를 한다
내 앞에 있는 것은 하나의 생명체
아흔한 살 메기는 진기하면서도 아름답다
메기는 금박 필터의 최고급 담배를 피운다
—세상 평판 따위는 신경 쓸 것 없어요
걱정되는 것은 국가의 앞날입니다
정말로 그것이 걱정이야
스케치 따위 하고 있는 미술가는 쓸모없어요
초상화는 실물을 닮지 않아도 괜찮아요
훌륭한 사람이라는 것만 알 수 있으면 되지
음—음(하면서 입이 옆으로 늘어난다)
이제 끝났나?
자네는 부처님을 그릴 수 없단 말이지!
그것은 실력이 부족하기 때문이야
스케치는 필요 없어
'기운생동'이라는 말을 알고 있어?

오늘 아침 풍자 시조 한 수를 지었지—

전혀 빈틈이 없는 탐욕 덩어리를 사방에서 보면서

하나의 곡선도 빠트리지 않고 스케치한다

이 그로테스크한 안면에 새겨진 일본 제국 자본주의 발전의 모든 역사를 기록한다

아흔한 살 메기여

내가 필요로 하는 것은 당신이 싫어하는 그 잔혹한 초상화입니다.

잉어를 조각한다

鯉を彫る

잉어를 조각한다.

유현(幽玄)한 물속 깊이 가라앉아

서른여섯 개의 비늘에 울리는 격렬한 자기장을 견디며

모든 것을 감지하고 조용히 숨 쉬고 있는 잉어를 조각한다.

파도를 일으키면 폭포도 뛰어넘고

구름에 오르면 용이 되는

쥐 죽은 듯이 조용히 있는 저 잉어의 유현한 기상을 조각한다.

잉어의 침묵을 조각한다.

6월의 새잎은 물을 녹색으로 변화시킨다.

녹색과 겹쳐진 물의 깊숙함을 지금 기뻐하며

유현한 물속에서 힘을 모으며 잉어는 움직이지 않는다.

그런 잉어를 나는 조각한다.

코끼리
象

코끼리는 천천히 걸어간다.
한번 걸렸던 나무 덫은 딱 질색이다.
개미처럼 조그만 인간들의 교활함도 대단해서
어느 정도 교활한지 실험하고자
목재를 운반하고 재주를 부리고
시키는 대로 하고 있었지만
이 개미들은 탐욕의 천재로
이를 갈면서 자꾸자꾸 흉기를 만들어 서로 싸우고
내가 하나를 해내면 열을 요구한다.
나를 길들였다고 생각하고 있는
참을 수 없는 근성에 기가 막혀
쇠사슬을 끊고 도망쳐 나온 것이다.
당장에 총이라도 쏘겠지.
가끔 귀를 퍼덕이며 정글 나무들을 쓰러트리고
코끼리는 천천히 걸어간다.

숲속의 고릴라

森のゴリラ

바위와 같이 큰 남자, 털이 덥수룩한 고릴라.
순식간에 몸을 뒤집더니 나뭇가지 끝에 있고
가지에서 가지로 몸을 던지고
숲을 뒤흔들고 바람을 일으킨다.
왜 인간은 그를 노리지?
왜 라이플총이 느닷없이 숲에서 나오는지?
그는 아무래도 납득되지 않는다.
그는 이 원시림의 토착민
배고파서 먹고 목말라 마시고
피곤하면 자고 배 두드리며 장난친다.
그것이 왜 나쁜 것인지를 그는 모른다.
가끔 코르크 모자 쓴 백인 무리가
이 삼림 속으로 쳐들어온다.
멀리서 에워싸고 비겁한 저격
고릴라 친구들이 하나씩 하나씩 총에 맞았다.
해코지당하면 해코지로 갚는다.

그는 인간들을 때려잡고
위험한 라이플총을 몇 자루나 부러뜨렸다.
내 탓이 아니라고 한다.
아직까지 이해되지 않는 습격을 오늘도 받고
바위와 같이 큰 남자, 털이 덥수룩한 고릴라는
마치 마술처럼 신출귀몰하며
숲속의 거목들을 뒤흔들어 놓고는
그 이후, 감쪽같이 어딘가로 사라져 버렸다.

홀로 앉아서
孤坐

한밤중 엄청난 폭우가 집을 감싼다
쥐조차 없는 쓸쓸한 방에 홀로 앉아
조각하기 시작한 목각 잉어를 붙잡고 있다
손바닥이 비늘에 닿자 신기하게도 차갑고
저쪽 사방 구석에 왠지 모르게
엄습해 오려는 것이 쌓이기 시작한다
잉어 눈은 나를 보고 있다
나는 손 떼지 않고 숨죽이고
깊은 여름밤 폭우에 귀 기울인다
어딘가 아득히 먼 곳에 있는 것 같은 느낌이 든다
이 세상이 아닌 것 같은 느낌이 든다

장마철 밤늦도록
つゆの夜ふけに

미켈란젤로는 시민들과 함께 있었다.
꽃과 문화와 사람의 수도 피렌체를 지키기 위해
단지 권위와 음모와 이기심에 불타는 사방의 적
특히 메디치 가문의 폭력에 대비하기 위해
의로움과 순결의 표상
다비드와 피에타에 쏟은 열 배의 힘으로
수도의 남쪽 산미니아토 문에 요새를 쌓았다.
토목과 무기의 신기원을 열었다.

미켈란젤로는 시민들과 함께 패배했다.
망명하여 잠복해 있다가 다시 불려와서는
오로지 그가 천재였기에 용서되었다.
그는 그의 적을 위해 산로렌초 성당을 장식하였다.
조각에서는 그는 자유로웠다.
그의 비통함은 그 조각에다 하늘의 분노와 눈물을 담았다.

그는 시민들을 적으로 보는 성곽 설계를 거부했다.
모든 것을 버리고 로마로 도망쳤다.
사랑하던 피렌체의 땅을 살아서 다시 밟지 않았다.

미켈란젤로는 교황의 노예가 되었다.
미켈란젤로다운 고집이 폭발했다.
웃음을 그치고 단지 비례와 미에 몰입했다.
그의 모든 능력은 교황을 무시하고 경쟁자를 무시하고
눈앞의 적을 위해 그들의 적인 정의로움과 순결을 섬기었다.
단지 고금을 잇는 인간만을 위해서였다.
전부 방대하고 파격적인 것이 넘쳐흘렀다.
'천상대풍(天上大風)'*
로마는 그에 의해 인간계의 중심이 되었다.

미켈란젤로는 인간과 함께 있었다.

* '거침없이 하늘 높이 부는 센 바람'이라는 뜻으로 에도 시대 승려 료칸(良寬)의 말이라 전해진다. 아이들이 연을 날리는데 날아오르지 않아 료칸이 연에 이 말을 적어 주자 하늘 높이 날아올랐다고 한다.

그의 무수한 작품은 단지 인간의 외침이었다.
다비드는 순결의 힘 그 자체, 그리고 희망
'낮' '저녁' '아침' '밤'은 형상에서의 거대한 한숨
마돈나는 마음이 가난한 자의 고고한 아름다움과 사랑
우뚝 솟은 모세는 교황도 질타하고
여섯 명의 노예는 바위에 포박되어 괴로워한다.
찬란한 시스티나 성당 벽화는 인간 신성(神性)의 은하계.
그리고 저 완벽한 성피에트로 대성당의 돔은
먼 훗날의 '화광동진(和光同塵)'*의 맹세.

늙은 미켈란젤로는 가끔 말했다.
귀인 빅토리아 콜로나의 순수한 사랑만이
비할 데 없는 그의 따뜻한 꿈이었다.
몬테카발로의 산실베스트로 교회 정원의 연못가
저물어 가는 로마의 지붕들을 내려다보면서

* 《논어》에 나오는 말로 언젠가는 신이 먼지처럼 인간세계에 나타나서 사람들을 구한다는 뜻이다.

두 사람은 말없이 침묵을 지키고 있었다.
이윽고 '진리의 한줄기 빛'인 여성도 죽었다.
모든 슬픔과 신에 대한 호소로 바싹 야위면서
그는 자신을 불사르듯이 론다니니의 피에타를 조각했다.
2월의 비에 젖으며 하루 종일 낙엽을 밟고 서 있었다.
아흔의 노구는 병들었고 그 어디에도 안식처는 없었다.
하루 동안 누워 있다가 그는 죽었다.

아시아의 끝자락 도쿄에 지금 장맛비가 내린다.
비는 밤늦도록 지붕을 두드린다.
나는 이런 시 같지 않은 시를 쓰고는
400년 전 옛사람의 분노와 슬픔과 힘과 기도에 고개 숙인다.

지에코 시편(智惠子 詩篇)

그대에게
人に

싫어요
당신이 떠나가는 것이—

꽃보다 먼저 열매 맺는 것 같은
씨앗보다 먼저 싹 트는 것 같은
여름에서 곧바로 봄이 오는 것 같은
그런 이치에 맞지 않는 부자연스러운 것을
제발 하지 말아 주세요
틀에 박힌 남편과
둥근 글자를 쓰는 당신을
이렇게 생각하는 것만으로도 눈물이 나요
작은 새처럼 겁 많고
강풍처럼 제멋대로인
당신이 결혼한다는 것은

싫어요

당신이 떠나가는 것이—

왜 그렇게 쉽게
뭐라고 해야 할까—음, 말하자면
몸을 파는 기분이 들겠죠
당신은 자신의 몸을 파는 것입니다
혼자만의 세계에서
모든 사람의 세계로
그리고 남자에게 져서
무의미하게 져서
아아 꼬집어 말할 수 없는 추태겠죠
마치
티치아노가 그린 명화가
일본 뒷골목에 장물로 나오는 것입니다
나는 쓸쓸해요 슬퍼요
이렇다 할 느낌은 들지 않지만
마치 당신이 주신 글록시니아의
큰 꽃이 썩어 가는 것을 보는 듯한
나를 버리고 썩어 가는 것을 보는 듯한
하늘을 날아가는 새의

행방을 가만히 바라보고 있는 듯한
파도가 부서질 때의 슬픈 자포자기
덧없고 쓸쓸하고 타들어 가는 것 같은
그래도 사랑과는 다릅니다
성모 마리아
다릅니다 달라요
뭐가 무언지 원래부터 모르겠지만
싫어요
당신이 떠나가는 것이—
게다가 결혼하다니
다른 남자가 마음대로 하게 되다니

두려움
おそれ

안 돼요 안 돼
조용한 이 물에 손 넣으면 안 돼요
더욱이 돌 던져서는 안 돼요
한 방울의 미세한 진동도
쓸모없이 수많은 파동을 일으켜요
물의 조용함을 귀히 여기고
정숙의 가치를 알아야 해요

당신은 이제부터 나에게 말을 걸어서는 안 돼요
당신이 지금 말하려고 하는 것은 이 세상에서 가장 위험한 것 중의 하나다
입 밖으로 내지 않는 것이 좋아요
말하면 당장 번개가 내리친다
당신은 여자다
남자 같다고 해도 역시 여자다
저 검푸른 하늘에서 땀 흘리고 있는 둥근 달이다

세계를 꿈속으로 유도하고 찰나를 영원으로 바꾸려고 하는 달이다
그래도 좋아 괜찮아
그 꿈을 현실로 바꾸어
영원을 순간으로 되돌려서는 안 된다
게다가
이 투명한 물속에
그런 위험한 것을 던져 넣어서는 안 된다

내 마음 정숙은 피로 싼 보물이다
당신이 알 수 없는 피를 희생으로 삼은 보물이다
이 정숙은 내 생명이며
이 정숙은 나의 신이다
더욱이 까다로운 신이다
여름밤의 식욕조차도
아주 격렬한 소란을 일으키고야 만다
당신은 그것에 손대려고 하는 건가

안 돼요 안 돼
당신은 정숙의 가치를 알아야 해요

그러지 않으면
대단한 각오를 하고 시작해야 해요
그 한 개의 돌이 일으키는 파동은
당신을 덮쳐서 소용돌이 속으로 끌고 들어갈지 모른다
수천 배의 타격을 당신에게 줄지 모른다
당신은 여자다
이것을 견딜 수 있는 힘을 길러야 해요
그것을 할 수 있어요?
당신은 이제부터 나에게 말을 걸어서는 안 돼요
안 돼요 안 돼
잘 보세요
매연과 기름에 찌든 정거장도
지금은 이 달과 조금 무더운 안개 속에서
무언가 위대한 미를 감추고 있는 보물창고처럼 보이지
않나요?
저 청색과 적색 신호등은
무언(無言)과 전송 사이에서 아주 큰 역할을 하며
그윽한 달밤의 정취에 리듬을 맞추고 있다
나는 지금 무언가에 둘러싸여 있다
어떤 분위기에서

어떤 신비롭게 조절하는 보이지 않는 힘에서
그리고 가장 귀중한 평행을 얻고 있다
내 영혼은 영원을 생각하고
내 눈은 만물의 무한한 가치를 본다
조용히 조용히
나는 지금 계속해서 어떤 힘과 접촉하면서
말을 잊고 있다
안 돼요 안 돼
조용한 이 물에 손 넣으면 안 돼요
더욱이 돌 던져서는 안 돼요

어느 저녁
或る宵

가스난로에 불이 붙었다
우롱차 바람 초승달

-그래, 그래. 이것이 세상사야
그들이 필요로 하는 진지함이란 예복(禮服)이다
인공을 자연에 가미하는 것이다
직립부동(直立不動) 자세다
그들은 자신들의 생각을 이 세상의 난장판에서 잃어버렸다
예전에 알몸으로 지낼 때의 냉난자지(冷暖自知)의 마음을-
당신은 이것을 보고 전혀 신기해할 필요가 없다
이것이 세상사라는 것이다
마음속에 수많은 속념을 품고서
바로 눈앞의 것만을 쳐다보고 있어 내가 싫어하는 냉혹한 인간 집단이다

그렇기 때문에 진실되게 살아가려고 하는 자는
－옛날부터 지금도 앞으로도－
오히려 진지하지 않다고 여겨진다
당신이 받았던 박해를 받는다
비겁한 그들은
또 성의가 없는 그들은
처음으로 탄성을 발하는 우리를 바라보며
각종 욕지거리를 내뱉으며 자신들의 한가로움을 때우려 하는
성의 없는 그들은 사건의 당사자는 제쳐 두고 단지 사건의 본질만 만지작거린다
경멸하고 싶은 세상이다
부끄러워해야 할 것은 그 소용돌이 속에 있는 속물들이다
우리는 해야 할 일을 하고
나아가야 할 길로 나아가고
자연의 법칙을 존중하고
행주좌와(行住坐臥)* 우리가 생각하는 것과 자연 법칙이 반대되는 경지에 이르러서는 안 된다
최선의 힘은 우리가 믿는 곳에만 있다

개구리처럼 추한 그들의 모습에 놀라서는 안 된다
오히려 그 모습에서 그로테스크한 아름다움을 찾으세요
우리는 단지 사랑하는 마음을 음미하면 된다
모든 분규를 깨트리고
자유로움과 자연 속에서 살아가야 한다
바람이 부는 대로, 구름이 흘러가는 대로
필연의 법칙과 내면의 요구와 예지의 암시에 거짓이 있어서는 안 된다
자연은 현명하다
자연은 세심하다
반병신 같은 그들을 위해 고민하는 것은 그만두어라
자, 다음에 긴자(銀座)에서 간단하게 식사라도 합시다

* 가고 머물고 앉고 눕고 하는 일상생활에서의 움직임을 통틀어 이르는 말이다.

교외에 있는 사람에게

郊外の人に

내 마음은 지금 강풍처럼 당신을 향해 간다
연인이여
이제는 푸른 생선 피부에 스며든 추운 밤도 깊었다
그러니 편안하게 교외 집에서 잠들어라
어린아이의 진실됨이야말로 당신의 전부다
너무나 맑고 투명해서
보는 자는 모두 나쁜 마음을 버린다
또 선과 악이 그 앞에서는 모두 드러난다
당신이야말로 정말로 비할 데 없는 심판관이다
오염된 나의 여러 모습 속에서
어린아이의 진실됨을 가지고
당신은 나의 존귀함을 찾아내었다
당신이 찾아낸 것은 나도 몰랐고
단지 나는 당신을 최고의 심판관으로 삼았기에
당신으로 인해 마음이 즐거워지고
나도 모르는 나의

나의 따뜻한 육체 속에 깃들어 있는 것을 믿는다
겨울이 되어 느티나무잎도 모두 떨어졌다
소리 없이 밤이 되고
내 마음은 지금 강풍처럼 당신을 향해 간다
그것은 땅속에서 솟아나는 고귀하고 부드러운 온천이고
당신의 맑은 피부 구석구석까지 남김없이 적신다
내 마음은 당신이 움직이는 대로
튀어 올라 춤추며 날아다니지만
늘 당신 지키는 것을 잊지 않는다
연인이여
이것은 둘도 없는 생명의 원천이다
그러니 편안하게 잠들어라
나쁜 사람 같은 추운 겨울밤이지만
지금은 편안하게 교외의 집에서 잠들어라
어린아이처럼 잠들어라

심야의 눈

深夜の雪

가스난로의 따뜻한 불은
희미한 소리를 내고
문이 꼭 닫힌 서재의 전등은
조용히, 약간 지친 두 사람을 비춘다
초저녁, 흐린 날씨에서 눈으로 변했는데
조금 전 창문으로 보니
온 세상이 눈밭이 되었는데
단지 소리 없이 쌓이는 눈 무게를
땅과 지붕과 두 사람의 마음이 느끼고
오히려 즐거움을 감싸고 있는 그 부드러운 무게에
세상은 숨죽이고 순수한 어린이 눈으로 부릅뜨고 본다
"이것 좀 봐. 벌써 이만큼 쌓였어!"
라는 촉촉한 목소리가 멀리서 들려오고
이윽고 탕탕, 나막신 굽의 눈 터는 소리
그러고는 침묵이 이어지고 밤 11시가 되어서
할 이야기도 없고

홍차도 미지근하고
그저 두 사람은 손잡고
소리 없는 이 세상의 깊은 생각에 귀 기울이고
흘러가는 시간의 모습을 지켜보며
약간 땀 밴 얼굴은 편안함으로 가득 차 있고
모든 사람의 감정을 쉽게 받아들이려고 한다
또 탕탕탕, 눈 터는 소리 다음에
차 소리 같은 것이 울리고—
"아아, 보세요. 저 눈"
하고 내가 말하니
대답하는 사람은 곧바로 동화 세계 속으로 빠져들어
약간 입 벌리고는
눈을 기뻐한다
눈도 심야를 기뻐하며
끝없이 내려 쌓인다
따뜻한 눈
소복소복 내리는 무거운 눈이—

인류의 샘물

人類の泉

세계가 싱싱한 초목으로 뒤덮이고
푸르른 비가 또 내립니다
이 빗소리
떼 지어 모여든 생명체의 목숨을 의미하며
늘 나를 견딜 수 없게끔 위협합니다
그리고 격앙된 내 영혼은
나를 뛰어넘고 나를 벗어나서
척척 나를 만들어 가는 것입니다
지금 죽어 곧바로 태어납니다
2시가 3시가 되고
새순 끝에서 또 새순이 자라나는 것처럼
오늘도 이 영혼의 가속도를
나 스스로 가슴 벅차게 느끼고 있었습니다
그리고 극도의 정숙을 지키며
가만히 앉아 있었습니다
저절로 눈물이 흐르고

부둥켜안듯이 당신을 골똘히 생각하고 있었습니다
당신은 정말로 나의 반쪽입니다
당신이 가장 분명하게 나의 신뢰를 갖고 있고
당신이야말로 내 육신의 격렬함을 마음 깊은 곳에서 알고 있습니다
나에게는 당신이 있다
당신이 있다
나는 상당히 참혹하게 인간의 고독을 겪어 왔습니다
극심한 자포자기 경지에까지 갔었다는 것을 당신은 알고 있습니다
내 생명 뿌리부터 보고 있는 것은
나를 전부 이해해 주는 것은
오직 당신뿐입니다
나는 내가 가야 할 길의 개척자입니다
나의 올바름은 초목의 올바름입니다
아아 당신은 그것을 살아 있는 눈으로 보고 있습니다
원래 당신은 당신의 생명을 가지고 있습니다
당신은 바닷물 요동치는 힘을 가지고 있습니다
당신이 내게 있다는 것은
미소가 내게 있다는 것입니다

당신에 의해 내 생명 복잡해지고 풍부해집니다
그리고 고독을 알면서도 느끼지 않는 것입니다
나는 지금 살고 있는 사회에서
이미 만인이 다니는 길에서 자신의 길로 몇 걸음 내딛었습니다
이제 손잡을 친구는 없습니다
그저 서로 어떤 부분을 양해할 수 있는 친구가 있을 뿐입니다
나는 이 고독을 슬퍼하지 않게 되었습니다
이것은 자연스런 것이고 또 필연이기 때문에
그리고 이 고독에 만족하려고 하고 있습니다
그렇지만
나에게 당신이 없다면—
아아 그것은 상상할 수 없습니다
상상하는 것은 어리석은 짓입니다
나에게는 당신이 있습니다
당신이 있습니다
그리고 당신 속에는 커다란 사랑의 세계가 있습니다
나는 사람들로부터 멀어지며 고독해졌지만
당신을 통해서 다시 인류의 살아 있는 숨결을 만납니다

휴머니티 속에서 활약합니다
모든 것으로부터 벗어나서
오로지 당신에게로 향합니다
깊고 아득한 인류의 샘에 몸을 적십니다
당신은 나를 위해 태어났습니다
나에게는 당신이 있다
당신이 있다 당신이 있어

우리
僕等

나는 당신을 생각할 때마다
가장 먼저 영원을 느낀다
내가 있고 당신이 있다
이 이상 더 할 말이 없다
내 생명과 당신 생명이
다가가고 뒤얽히고 융합하고
혼돈의 태초로 돌아간다
모든 차별은 우리 사이에서는 가치를 상실한다
우리에게는 모든 것이 절대적이다
거기에는 이른바 남녀의 다툼이란 없다
신앙과 경건과 연애와 자유가 있다
그리고 거대한 힘과 권위가 있다
인간의 반쪽과 다른 반쪽의 융합이다
나는 그야말로 자연을 믿는 편안함으로
우리의 생명을 믿고 있다
그리고 세상을 유린하는

완고한 속물근성을 극복한
우리는 이미 그곳을 뛰어넘었다
나는 내 고통이 당신 고통이라는 것을 느낀다
나는 내 즐거움이 당신 즐거움이라는 것을 느낀다
자신을 신뢰하는 것처럼 당신을 신뢰한다
자신이 성장해 가는 것이 당신이 자라는 것이라고 생각하고 있다
나는 아무리 빨리 걸어도 당신을 버리고 가는 일은 없을 것이라고 믿고 안심한다
내가 활력에 가득 차 있듯이
당신은 젊음으로 빛나고 있다
당신은 불이다
당신은 내가 진부해질수록 신선함을 느끼게 한다
나에게 당신은 신기함의 보고다
모든 가지와 잎을 제거한 현실 그 자체다
당신과의 키스는 나에게 윤기를 주고
당신과의 포옹은 나에게 최고의 자양분을 준다
당신의 차가운 손발
당신의 무겁고 둥근 몸
당신의 인(燐) 같은 피부

그 사지를 관통하는 생명력
이 모든 것은 내 생명력에 최상의 양식이 되는 것이다
당신이 나를 의지하고
당신이 나와 살아가는
이 모든 것이 당신 자신을 살리는 것이다
우리는 목숨을 아까워하며
우리는 쉬지 않는다
우리는 높게, 더 높게 우리를 향상시켜야 한다
발전하지 않고는
크게 되지 않고는
심오해지지 않고는
—이 무슨 빛이며 이 무슨 기쁨일까?

사랑의 찬미

愛の嘆美

끝을 알 수 없는 육체의 욕망은
밀물 때, 엄청난 힘으로—
아직도 타오르고 있는 맹렬한 불꽃에
샐러맨더는 폴짝폴짝 뛰고 있다

쏟아지는 눈은 심야에 혼인 비행 파티를 열고
적막한 공중에서 환희를 외친다
우리는 세상에서 가장 아름다운 힘에 꺾이어
이때, 심오하고 비밀스러운 흐름에 몸 맡기고
격분하는 장밋빛 안개에 헐떡이며
아주 훌륭한 보석처럼 빛나며
우리 생명을 끝없이 빚어낸다

겨울에 숨겨진 요람의 마력과
겨울에 움트는 싹의 열기와—
모든 것 속에 불타는 것은 '때'의 맥박과 함께 약동하고

우리 전신에 황홀한 전류를 울린다

우리 피부는 무시무시하게 눈뜨고
우리 내장은 생존의 기쁨에 몸부림치고
머리칼은 빛을 발하고
손가락은 독자적인 생명을 얻어 온몸을 기어다니고
말에 내포되어 있는 혼돈의 참세계는
즉시 우리 위에 그 모습을 나타낸다

빛이 가득차고
행복이 가득차고
모든 차별은 같은 말이며
독약과 감로수는 같은 상자에 있고
견디기 힘든 통증에 몸을 비틀고
극심한 환희는 불가사의한 미로를 빛내고 있다

우리는 눈으로 따뜻하게 덮인 채
천연의 원소로 녹아서
끝없는 지상의 사랑을 탐하고
우리 생명을 열렬히 칭송한다

나무 아래의 두 사람
樹下の二人

저것이 아다타라(阿多多羅)산
저기 반짝이는 것이 아무쿠마(阿武隈)강.
이렇게 말없이 앉아 있으면
멍하게 자고 있는 것 같은 머릿속을
단지 먼 세상의 솔바람만이 연녹색으로 불고 지나갑니다.
이 큰 초겨울 들판 속을
당신과 둘이 조용히 불타오르며 손잡고 있는 기쁨을
저 밑에 보이는 구름으로 감추는 것은 그만둡시다.

당신은 신기한 불로장생약 연기를 영혼의 항아리에 채워
아아 정말로 심오한 사랑 바다 속으로 사람을 유혹하는구나
둘이 같이 걸어온 10년이라는 세월을 돌이켜 보면
단지 당신 속에서 여인의 무한함이 보일 뿐.

무한의 경계선에서 피어오르는 것이야말로
이렇게 감정과 의지에 고민하는 나를 정화해 주고
이렇게 고민을 온몸에 지고 있는 나에게 상쾌한 젊음의 샘물을 부어 주는
오히려 귀신처럼 붙잡기 어렵게
묘하게 변화무상하네요.

저것이 아다타라산
저기 반짝이는 것이 아무쿠마강.

이곳은 당신이 태어난 고향
저 흰 벽의 조그만 것들이 당신 집 술 저장고.
그러면 발을 쭉 뻗고
이 활짝 개어 있는 북쪽 지방의 나무 향기로 가득 찬 공기를 마시자.
당신처럼 서늘하고 기분이 좋은
나긋나긋한 탄력 있는 분위기에 피부를 씻자.
나는 내일 또 멀리 떠난다
저 무법천지인 수도, 혼돈스러운 애증의 소용돌이 속으로

내가 두려워하고 게다가 집착이 심한 저 인간 극장 한복판으로.

이곳은 당신이 태어난 고향
이 신기한 또 하나의 육체를 낳은 천지.
아직 솔바람이 불고 있어요
다시 한번 초겨울의 쓸쓸한 파노라마를 설명해 주세요.

저것이 아다타라산
저기 반짝이는 것이 아무쿠마강.

밤중의 두 사람

夜の二人

우리 최후가 아사(餓死)일 것이라는 예언은

한밤중 부슬부슬 눈 위로 내리는 진눈깨비가 말한 것입니다.

지에코는 보통 이상의 비장한 각오를 한 여성이지만

아직은 아사보다는 화형이라는 중세적 꿈을 가지고 있습니다.

우리는 아무 말 없이 다시 한번 빗소리를 들으려고 귀 기울였습니다.

바람이 조금 부는 것 같고 장미나무 가지가 유리창을 할퀴고 있다.

당신은 점점 아름다워진다
あなたはだんだんきれいになる

여성이 장신구를 차례로 버리면
왜 이렇게 아름다워지는 것일까!
나이로 씻은 당신의 몸은
끝없이 날아가는 하늘의 귀금속.
외모도 체면도 감당할 수 없는
내면만이 맑고 깨끗한 생명체가
살아 움직이며 잽싸게 의욕을 보인다.
여성이 여성으로 되돌아가는 것은
이렇게 몇 세기에 걸친 수련에 의해서일까?
당신이 묵묵히 서 있으면
정말로 신의 창조물이다.
간혹 마음속으로 놀랄 만큼
당신은 점점 아름다워진다.

천진난만한 이야기
あどけない話

지에코는 도쿄에는 하늘이 없다고 한다
진짜 하늘을 보고 싶다고 한다.
나는 놀라서 하늘을 본다.
벚나무 새잎 사이로 보이는 것은
너무나 친숙한
옛 친구 같은 아름다운 하늘이다.
어두침침하게 흐려 있는 지평선의 그러데이션은
연한 복숭아색의 아침 습기다.
지에코는 먼 곳을 보며 말한다.
아다타라산 위에
매일 펼쳐져 있는 푸른 하늘이
진짜 하늘이라고 지에코는 말한다.
천진난만한 하늘 이야기다.

인생 원시
人生遠視

발밑에서 새가 날아오른다
자신의 아내가 광기를 보인다
자신의 옷이 누더기가 된다
조준 거리가 3000미터
아아 이 총은 너무 길다

바람을 타는 지에코

風にのる智恵子

정신이 이상해진 지에코는 말을 하지 않는다
물까치와 물떼새와 서로 소통한다
방풍림의 언덕
일대가 송화로 노랗게 물들어 있고
5월의 상쾌한 바람에 구주쿠리(九十九里) 해변이 흐려 진다
지에코의 유타카*가 소나무 사이로 사라졌다가 다시 나타나고
흰 모래에 버섯이 있다
나는 버섯을 주우면서
천천히 지에코 뒤를 따라간다
물까치와 물떼새는 지에코의 친구들
이제 인간이기를 포기한 지에코에게

* 면으로 된 가운 형태의 일본 전통 옷이다.

두려울 정도로 아름다운 아침 하늘은 최고의 놀이터

지에코는 비상(飛上)한다

물떼새와 노는 지에코

千鳥と遊ぶ智惠子

어린아이 한 명 없는 구주쿠리 모래사장의
모래에 앉아 지에코는 놀고 있다.
수많은 친구들이 지에코의 이름을 부른다.
지에 지에 지에 지에 지에－
모래에 조그만 자취를 남기며
물떼새가 지에코에게 다가온다.
입속에서 늘 중얼거리고 있는 지에코가
양손을 들고 부른다.
지에 지에 지에－
양손의 먹이를 물떼새가 조른다.
지에코는 그것을 뿔뿔이 던진다.
물떼새 무리가 지에코를 부른다.
지에 지에 지에 지에 지에－
인간이기를 미련 없이 포기하고
이미 자연의 저쪽으로 가 버린 지에코의
뒷모습이 홀로 보인다.

꽤 멀리 떨어진 방풍림 석양 속에서
송화를 뒤집어쓰면서 나는 계속 서 있다.

만날 수 없는 지에코
値ひがたき智惠子

지에코는 보이지 않는 것을 보고
들리지 않는 것을 듣는다.

지에코는 갈 수 없는 곳에 가고
할 수 없는 것을 한다.

지에코는 현실의 나를 보지 않고
내 뒤에 있는 나를 애타게 그린다.

지에코는 괴로움의 무게를 이제 버리고
끝없이 황량한 미의식 세계를 방황하기 시작했다.

나를 부르는 소리가 계속 들리지만
지에코에게는 이제 인간세계로 되돌아오는 차표가 없다.

산기슭의 두 사람
山麓の二人

둘로 갈라진 채 경사져 있는 반다이(磐梯)산의 뒷산은
8월의 하늘을 향해 날카롭게 눈을 부릅뜨고
저 멀리 산비탈 끝까지 뒤덮고 물결치고 있는
무성한 억새가 사람을 가린다
반 정도 정신이 나간 아내는 풀을 깔고 앉아
내 손에 완전히 기대어
여자아이처럼 울음 그치지 않고 통곡을 한다
—나 머지않아 끝이야
제정신을 습격한 숙명이라는 악마에게 이끌려
벗어날 길이 없는 영혼과의 이별
그 불가항력의 예감
—나 머지않아 끝이야
눈물 젖은 손에 산바람이 차갑게 스친다
나는 묵묵히 아내 모습을 주시한다
제정신의 경계선상에서 마지막으로 돌아서서
나에게 매달린다

이런 아내를 되찾아 올 방법이 지금 이 세상에는 없다
내 마음은 이때 둘로 갈라져 낙하하면서
조용히 두 사람을 감싸는 이 천지와 하나가 되었다.

레몬 애가
レモン哀歌

너무나도 당신은 레몬을 기다리고 있었다
슬프고 희고 밝은 임종 순간에
내 손에서 받아 든 레몬 하나를
당신의 아름다운 이[齒]가 오도독 깨물었다
토파즈색의 향기가 나는
하늘 선물인 레몬즙 몇 방울이
당신 의식을 순식간에 정상으로 만들었다
당신의 푸르고 맑은 눈이 미묘하게 웃는다
내 손을 잡는 당신 힘의 강건함
당신 호흡은 매우 거칠지만
이렇게 마지막 순간에
지에코는 정상적인 지에코가 되어
일생의 사랑을 한순간에 쏟아부었다
그러고는 잠시 후
예전에 산꼭대기에서 했던 심호흡을 한 번 하고
당신의 호흡은 그대로 멈추었다

영정 앞에 꽂아 둔 벚꽃 그늘에
시원하게 빛나는 레몬을 오늘도 바친다

황량한 귀가
荒涼たる歸宅

그렇게도 돌아오고 싶어 하던 자신 속으로
지에코는 죽어서 돌아왔다.
10월 한밤중에 텅 빈 아틀리에의
한쪽 구석을 깨끗하게 청소하고
나는 지에코를 조심스레 내려놓는다.
이 하나의 움직이지 않는 육신 앞에서
나는 계속 서 있는다.
사람들이 병풍을 거꾸로 세운다.
사람들이 촛불을 켜고 향을 피운다.
사람들이 지에코에게 화장을 해 준다.
그러고 나서 장례가 저절로 치러졌다.
밤이 지나고 날이 어두워지고
주변이 시끄러워지고
집 안이 꽃으로 가득 차고
장례식 느낌이 나더니
어느새 지에코는 없어졌다.

나는 아무도 없는 어두운 아틀리에에 그냥 서 있다.

바깥은 대보름 멋진 달밤이구나.

매실주

梅酒

죽은 지에코가 담아 놓은 매실주는
10년의 연륜에 혼탁해진 채 빛을 받아들여
호박 술잔에 응고되어 있는 옥구슬 같다.
"나중에 초봄 저녁 추울 때
이것을 마시세요"라며
자신의 사후에 남기고 갈 사람을 생각한다.
자신의 정신이 파괴되는 불안에 떨면서
곧 끝일 것이라는 슬픔에
지에코는 신변 정리를 했다.
7년에 걸친 정신병은 죽어서 끝이 났다.
부엌에서 발견한 이 매실주의 달콤한 향기를
나는 조용히 조용히 음미한다.
광란과 노도의 울부짖음도
이 순간을 범하기 어렵다.
불쌍한 한 생명을 똑바로 쳐다볼 때
세계는 그저 멀리서 바라본다.

밤바람도 그쳤다.

원소 지에코
元素智惠子

지에코는 이미 원소로 돌아갔다.
나는 영육분리론을 믿지 않는다.
지에코는 분명히 존재한다.
지에코는 내 몸 안에 있다.
지에코는 나와 밀착해서
내 세포에 생명의 불꽃을 피우고
나와 놀고
나를 때리고
나를 노화의 희생양으로 만들지 않는다.
정신이란 육체의 다른 이름이다.
내 몸 안에 있는 지에코는
곧바로 내 정신의 극한 상태.
지에코는 더없이 좋은 심판이고
내 안에서 지에코가 잠잘 때, 나는 잘못을 저지르고
귀로 지에코의 소리를 들을 때, 나는 올바르다.
지에코는 기뻐 날뛰면서

내 존재 전체 안을 돌아다닌다.
원소 지에코는 아직도
내 몸 안에 있으며 나를 보고 웃는다.

대도시

メトロポオル

지에코가 동경하고 있던 깊은 자연 한가운데로
곡절된 운명이 나를 처넣었다.
운명은 살아 있는 지에코를 도시에서 죽이고
도시인인 나를 여기에 둔다.
이와테(巖手)의 산은 험준하고 아름답고 순수하고
나를 에워싸고는 가차 없다.
허위와 게으름은 이곳 토양에서는 생존할 수 없고
나는 자연처럼 촌각을 다투며
오로지 온몸을 던져 전진한다.
지에코는 죽었다가 되살아나서
내 몸속에 머물며 이곳에서 살아가고
이렇게 산천초목과 뒤섞이며 기뻐한다.
변화무상한 우주 현상
끝없이 변화하는 세대의 흥망
그 모든 것을 지에코가 받아들이고
그것을 내가 감지한다.

내 마음은 활기차지만
'산림고서(山林孤棲)'라고 사람들이 말하는
산속 움막의 화롯가에서
이곳을 대도시라고 혼자 생각한다.

나체상
裸形

지에코의 알몸이 그립다.
조신하면서도 풍만하고
별자리처럼 엄숙하고
산맥처럼 물결치고
언제나 엷은 안개가 끼어 있는
그 조형물은 마노(瑪瑙)와 같은
깊이를 알 수 없는 광택이 있었다.
지에코 알몸 등 뒤에 있는 사마귀까지
나는 뜻깊게 기억하고 있고
지금도 세월로 연마되어
존재 전체가 명멸(明滅)한다.
내 손으로 다시 한번
저 조형물을 탄생시키는 것은
자연이 정해 준 약속이고
그 때문에 나에게 고기가 주어지고
그 때문에 나에게 밭에서 나는 채소가 주어지고

쌀과 보리와 버터가 허용된다.
지에코의 나체상을 이 세상에 남기고
나는 이윽고 자연의 원소로 돌아가겠다.

안내
案內

다다미 석 장만 있으면 잘 수 있어요.
이곳이 부엌.
이곳이 우물.
계곡물은 산 공기처럼 맛나.
저기 밭이 100평
지금은 양배추 철이야.
여기 듬성듬성 늘어서 있는 것이 비쭈기나무이고
오두막 주위는 밤나무와 소나무.
언덕을 오르면 여기가 전망대
남쪽으로 20리 탁 트였고
왼쪽이 기타카미(北上)산맥
오른쪽이 오우(奧羽)산맥
한복판의 평야를 기타카미(北上)강이 관통하고
저기 흐릿하게 보이는 끝자락이
긴카(金華)산 벌판일 거야.
지에코 씨, 마음에 드시나요, 좋아요?

뒤편 연산(連山)이 도쿠가모리(毒ヶ森) 숲.

거기에는 산양도 있고 곰도 나와요.

지에코 씨, 이런 곳을 좋아하죠!

그 무렵

あの頃

사람을 믿으면 그 사람이 구제된다.
상당히 불량기가 많았던 나를
지에코는 전적으로 믿어 주었다.
갑자기 품 안으로 들어와 버려
나는 자신의 불량기를 잃어버렸다.
나 자신도 모르는 그 무엇이
내 속에 있다는 것을 알고는
나는 어쩔 줄 몰랐다.
잠시 당황했지만 정신을 차리고
지에코의 진지함과 순수함에
숨조차 쉴 수 없는 대시(dash)에
어느 날 갑자기 깨달았다.
내 눈에서 오래간만에 눈물이 흐르고
나는 새삼스럽게 지에코로 향했다.
지에코는 웃으며 나를 맞이하고
그 청결하고 감미로운 향기로 나를 감쌌다.

나는 그 감미로움에 취해 모든 것을 잊었다.
나의 맹수성조차도 문제가 되지 않는
천상에서 내려온 한 여성의 신비한 힘에 의해
무뢰한이었던 나는 비로소 자신의 위치를 발견했다.

눈보라 치는 밤의 독백

吹雪の夜の獨白

밖에는 눈보라가 휘몰아치고 있다.
이런 밤에는 쥐조차 오지 않고
마을은 조용히 잠들어
산에는 사람이 전혀 없다.
화로에 커다란 그루터기를 던져 넣어
멋지게 불이 활활 타오른다.
67년이라는 나이 탓에
이제는 상당히 편안하다는 생각이 든다.
그 욕정이 있는 한
진정한 작업은 괴로워.
미술이라는 일 뒤편에서는
이런 비정함이 요구된다.
전혀 없다면 말이 되지 않으니
잘 판단해서 지금은 없다고 하는 편이 좋다.
만약 지에코가 지금 등장한다고 해도
아주 신나서 떠들며 웃을 뿐이겠지.

극심한 비정함의 내면으로부터
있는지 없는지 모르게 피어나는 것이
신이 내린 뛰어난 운치일 테지.
늙어 빠져서는 곤란할까?

《위대한 날에(大いなる日に)》

12월 8일*

十二月八日

기억하라 12월 8일.
이날, 세계의 새 역사가 시작되었다.
앵글로색슨족의 패권
이날, 동아시아(東亞)의 땅과 바다에서 부정되었다.
부정한 것은 우리 일본
동쪽의 작은 섬나라
또 신의 나라 일본이다.
이곳을 다스리는 것은 현인신(現人神)이다.
세계의 부(富)를 농단하는
강호 미국과 영국 일당의 힘
우리 나라에 의해 부정되었다.
우리의 부정은 정의에 의한 것이다.

* 1941년, 일본이 진주만 기습 공격을 감행한 날이다. 미국과의 시간차로 날짜 차이가 있다.

동아시아를 동아시아로 되돌려달라는 것일 뿐.
그들의 착취에 의해 이웃 나라 모두가 쇠퇴하였다.
우리는 이제 그 마수를 쳐부수고자 한다.
우리 스스로 힘을 길러 단번에 일어나니
남녀노소 모두가 병사다.
적들이 잘못을 깨달을 때까지 우리는 싸운다.
세계 역사를 양분하는
12월 8일을 기억하라.

저들을 공격한다
彼等を撃つ

칙명 단번에 내리니 태양과 같다.
보라, 1억 백성의 얼굴은 빛나고 마음은 용솟음친다.
구름이 갈라지고 길이 열리고
세상의 끝자락이 눈앞에 있다.
적들의 소재가 마침내 드러났고
우리가 향할 곳 이제 분명히 정해졌다.
지체 없는
일격에 이미 적들의 간담은 서늘해졌다.
수많은 족장(族長)들이 원대한 야망에 불타서
강인한 마수를 동아시아에 뻗쳐
우리를 포위한 지 두 세기(世紀)가 되었다.
힘은 저들 스스로가 의지하고 있는 것이고
이익은 저들의 끝없는 착취에서 나온다.
터무니없는 억지에
동아시아 대부분의 나라가 멸망했고
종교와 사상이 아주 이상하게도

동아시아 백성에게서 사라졌다.
간신히 우린 현인신의 위광(威光)에 의해
동아시아 선두에 서서
대대로 수천 년을 연마해 왔다.
우리 힘으로 이제 저들을 공격한다.
필승의 용사들이다.
필사필살(必死必殺)의 검이다.
대의가 분명하니 망설임 없이
주변의 친구들을 구해야 한다.
저들의 마수를 격파하여
대동아(大東亞) 본연의 생명을 시현(示現)하는 것
이것이 우리의 맹세다.
서리 내리고 밤은 깊었다.
우리 동포는 몸 바쳐 먼 곳에서 싸우고 있다.
이 순간, 책상에 앉아 글을 적으니
감사함과 절절함이 마음에 가득 찬다.

싱가포르 함락
シンガポール陥落

싱가포르가 함락되었다.
영국이 무너졌다.
싱가포르가 함락되었다.
테이블 위의 호두까기에 끼인
호두처럼 갈라져 깨졌다.
싱가포르가 함락되었다.
힘으로 힘을 굴복시켰다.
싱가포르가 함락되었다.
그들의 중요 보루가 무너졌다.
대영제국이 조각났다.
싱가포르가 함락되었다.
마침내 일본이 대동아를 되찾았다.

너무나 큰 감격에
오히려 사람들은 말문이 막혔다.
옛날이야기에 나오는

그런 맹수와 독사의 소굴로 쳐들어가
우리 동포들은 싸웠다.
쌀가게 아들도
식당 요리사도
철학도도
선생도 교수도
이웃 사람 모두가 피 흘리고
문자 그대로, 뒤돌아보지 않고 돌진하였다.
말로 표현할 수 없는 강인함으로
기름과 불바다를 뚫고 나아간 것이다.
육해공이
이렇게 멋지게 하나가 된 적이 있었는가?

싱가포르가 함락되었다.
감사함에 손이 떨린다.
싱가포르가 함락되었다.
인도양의 파도처럼 가슴이 흔들린다.
싱가포르가 함락되었다.
잔혹한 제패자들을 무찔렀다.
싱가포르가 함락되었다.

오만한 앵글로색슨족을 마침내 쫓아냈다.
싱가포르가 함락되었다.
대동아의 새날이 이제 시작된다.
싱가포르가 함락되었다.
대동아의 모든 백성이여 들으라.
아아, 싱가포르가 마침내 함락되었다.

《전형(典型)》

눈 하얗게 쌓였다

雪白く積めり

눈이 하얗게 쌓였다.
눈이 숲속 길을 덮어 평탄하게 되었다.
디디면 무릎까지 빠지고 더욱 깊숙이
그 눈은 약한 햇빛을 받아 밝은 빛을 발한다.
푸르게 빛나는 것이 집어등 같다.
길을 가로질러 토끼 발자국이 나 있고
솔숲 안이 약간 흐려진다.
열 걸음 걷고는 호흡을 가다듬고
스무 걸음 걷고는 눈 위에 앉는다.
바람 없지만 눈 쓸쓸하게 날리며 가지를 스쳐 가고
모든 장소가 사람으로 하여금 시를 읊게 만든다.
하야치네(早池峰)산에서는 이미 구름 끝자락이 응고되고 있지만
내 시는 아직도 여기저기 미완성이니 어찌하랴!
삼나무잎을 조금 주워서
오늘 저녁 화롯가에서 한 그릇 야채 죽을 데우려 한다.

패배한 자는 오히려 마음 편하고
밝은 빛 같은 것이 영혼에서 빛나고 있어 아름답다.
아름답지만 끝까지 파악하기 어렵구나.

바보 소전 暗愚小傳

조아림

土下座

누군가에게 업혀 있었다.
우에노(上野)산은 사람들로 가득 찼고
그 머리 위로 나는 보았다.
사람들이 물러난 눈길 가운데를
2열 종대 기병이 다가오는 것을.
누군가가 나를 업은 채로
인파를 헤치고 가장 앞으로 억지로 나아갔다.
나는 밑으로 내려졌다.
모두가 머리를 조아리는 것이다.
기마경찰 말발굽이
머리 위로 눈[雪]을 튕겼다.
마차가 몇 대 지나가고
잠시 후
비단 휘장을 든 기병 보이고
그 뒤 마차에

사람 모습이 두 명 보였다.

내 머리는 그때,

누군가의 손에 의해 세차게 숙여졌다.

눈[雪]에 젖은 자갈 냄새가 났다.

—눈[目]이 멀게 돼—

바보 소전 暗愚小傳

상투

ちょんまげ

할아버지는 상투를 잘랐다.
—낡은 풍습 따위는 싫어한다고 입으로는 말했지만
상투까지는 자르고 싶지 않았어, 사실은.
이발소 가쓰(勝)란 놈이 말하는 것을 들었는데
문명개화인 서양식 단발머리를 하라 하고
궁중의 그분이 말씀하셨다네.
관리나 순경 따위가
무슨 말을 하든 개의치 않지만
궁중의 그분이 말씀하셨다고 하니
나도 투구를 벗었다.
귀족들은 지배인
궁중의 그분은 일본의 총수다.
그분의 분부라면, 음.
짜증이 나서
이발소 가쓰란 놈이 조심스럽게 자른 상투를

내팽개치고 왔다—

바보 소전 暗愚小傳

어전 조각

御前彫刻

아버지는 그 어느 때보다 긴장한 채로
작업장을 깨끗이 청소한 다음에 인장을 조각했다.
눈 깜짝할 사이에 완성해 모두에게 보여 주었다.
벚나무로 된 멋진 인장 장식부에
단번에 판 사슴이 새겨져 있었다.
내일 협회로 행차하시기에
어전 조각을 하게 되었다고 아버지가 말한다.
그 사전 연습을 위해 조각한 것이다.
아버지는 목욕탕에 들어가 몸을 정결하게 씻고
그다음 날 아침 부싯불로 액막이를 하고 집을 나섰다.
폐하께서 직접 보시는 것이야.
황송한 일이야.
―부디 실수하지 않도록―
엄마는 그렇게 말하며 부처님을 모신 제단에 절했다.
아이였던 나는 저녁이 되어도

아직 아버지가 돌아오시지 않아서 안절부절못했다.
"퇴청이요"라는 인력거꾼의 목소리에
나는 현관으로 뛰어나갔다.

바보 소전 暗愚小傳

군함 건조 비용

建艦費

청일전쟁이 끝났지만
전의(戰意)는 점점 더 고취되어 갔다.
다음 전쟁을 대비하기 위해
군함 건조 비용을 갹출하는 것이다.
폐하께서 가장 먼저 거금을 하사하셨고
관리들은 향후 몇 년 동안
봉급에서 일부를 떼게 되었다.
밤중에 아버지는 그 이야기를 거실에서
엄마와 나에게 자세하게 설명했다.
랴오둥(遼東) 반환 등으로
폐하가 근심이 많으시다며
아버지는 진심으로 염려했다.
―고타로, 따라서 앞으로 너도 낭비하면 안 돼.
알았어!―

바보 소전 暗愚小傳

조각 외골수

彫刻一途

일본 팽창 비극의 첫걸음
러일전쟁에 대해서 잘 몰랐다.
단지 뤼순(旅順)항 비극과
동해 해전 호외와
고무라(小村) 대사와 비테 백작과의 비교
그 정도가 기억에 남아 있다.
나는 스무 살이 지나서도 학생으로
밤낮없이 최선을 다해
조각 공부에 빠져 있었다.
세상과는 완전히 담을 쌓고 우물 안에서
단지 조각의 진수를 터득하고 싶었다.
아버지와 학교의 선생님은 장인(匠人)으로밖에 보이지 않았다.
장인 이상의 것을 알고 싶었다.
어둠 속에서 더듬어 가면서

세계의 조각을 찾아다녔다.
언제였는지 잊어버렸지만
놀러 온 시인 다쿠보쿠(啄木)조차
세상물정 모르는 조각 외골수 철부지에게
완전히 질려서 돌아갔다.
러일전쟁의 승패보다도
로댕이라는 사람에 대해 알고 싶었다.

바보 소전 暗愚小傳

파리

パリ

나는 파리에서 성인이 되었다.
처음으로 이성을 접한 것도 파리.
처음으로 영혼의 해방을 맞은 것도 파리.
파리는 아무렇지 않은 얼굴로
인류의 모든 종족을 맞이한다.
어떤 사고라도 거부하지 않는다.
어떤 미라도 시들게 하지 않는다.
좋고 나쁨, 새로움과 낡음, 높고 낮음
인간의 모든 범주에 있는 것을 동거시킨 채
세상사의 자정 작용에 맡겨 둔다.
파리의 매력은 사람을 붙잡는다.
사람들은 파리에서 숨을 돌릴 수 있다.
근대는 파리에서 일어났고
미는 파리에서 발아하고 성숙하고
두뇌의 새 세포는 파리에서 만들어진다.

프랑스가 프랑스를 초월해서 존재하는
이 깊이를 알 수 없는 세계 수도의 한구석에서
나는 때때로 국적을 잊었다.
고향은 멀고 작고 인색하고
성가신 시골 같았다.
나는 파리에서 처음으로 조각을 알게 되고
참된 시에 눈뜨게 되고
이곳의 시민 한 사람 한 사람으로부터
문화의 유래를 보고 얻었다.
슬픈 생각에 어쩔 수 없이
비할 바 없는 격차를 느꼈다.
일본의 모든 것과 국민성 전체를
그리워하면서도 부정했다.

바보 소전 暗愚小傳

불효자

親不孝

비좁은 동물 우리처럼 고베(神戸)가 보였다.
후지산은 작았지만 아름다웠다.
지나치게 기뻐하는 아버지와 엄마를 보며
나는 마음속으로 잘못을 빌었다.
그렇게 효자라고 불리던 놈의 머릿속에
지금 무엇이 들어 있는지를 모르신다.
내가 불효자가 된 것은
인간으로서는 어쩔 수 없다.
나는 일개인으로서 살려고 한다.
모든 것에서 개인을 허락하지 않는 이 나라에서는
이것은 반역임에 틀림없다.
아버지와 엄마가 학수고대하고 있는 가정의 꿈은
가장 먼저 부서질 것이다.
어떻게 되어 갈지
나 자신도 모른다.

미풍양속에서 벗어나게 될 것임에는 틀림없다.

—저런 표정을 하고 자고 있어요—

엄마는 내 베갯맡에서 조용히 중얼거린다.

이 은애(恩愛)를 나는 앞으로 어떻게 해야 하지!

바보 소전 暗愚小傳

데카당

デカダン

조각, 유화, 시가, 문장
하면 할수록 부모에게 얹혀살게 된다.
동상 제조도 거절.
학교 교사도 거절.
중매 맞선도 거절.
그렇다면 어찌해야 할까?
저 애는 처지 곤란이라고
친척들이 야단입니다.
요로이(鎧) 다리 '고노스(鴻の巣)' 레스토랑에서 양주를 홀짝거리며
자신과는 상관없다는 듯이 취해 있다.
취한 것처럼 마시고 있다.
갈 곳이 전혀 없다.
데카당이라고 부르며 사람들은 재미있어 하지만
이렇게 고통스러운 양심의 각성을 일찍이 알지 못했다.

뒤늦게 청춘이 도래해서
나는 더욱더 나락으로 떨어진다.
의식하면서 미끄러져 떨어진다.
기독교와 인연이 있었다면
틀림없이 그리스도에 매달리고 있을 것이다.
그리스도 대신에 이 난봉꾼 앞에
기적처럼 나타난 것이 지에코였다.

바보 소전 暗愚小傳

미에 전념하다

美に生きる

한 여성의 사랑으로 정화되어
겨우 나 자신을 찾았다.
말할 수 없는 궁핍 속에서
나는 다시 한번 미의 세계로 뛰어들었다.
천성적으로 외톨박이였기에
나 개인의 단련에 전념했고
세상의 갈등과는 소원했다.
정치도 경제도 사회운동 그 자체도
환영처럼 보였다.
지에코와 나, 단 둘이서
남모르는 생활과 싸우면서
도시 한복판에 칩거하였다.
둘이서 쌓아 올린 여러 가지 꿈들은
모두 내적인 것들뿐.
검토하는 것도 내부 생명

축적하는 것도 내적 보배.
나는 미의 강력한 힘에 유도되어
오로지 조각 길에 혼신을 쏟았다.

바보 소전 暗愚小傳

두려운 공허함

おそろしい空虚

엄마가 마침내 죽었다.
도고(東鄕) 대장과 비슷한 시기에
설마 하고 생각했던 아버지도 죽었다.
지에코의 정신병도 심해지고
7년을 앓다가 죽었다.
나는 기진맥진해서
헛된 세월을 보내면서
죽은 지에코를 현실에서 찾았다.
지에코가 내 지주이고
지에코가 내 나침반이었다는 것이
죽고 나서 분명해졌다.
지에코라는 개인은 사라지고
지에코가 보편적 존재가 되어
늘 그곳에 있지만
이제 손으로 만질 수 없고 소리도 들리지 않는다.

육체야말로 참[眞]이다.
나는 홀로 아틀리에에서
배접이 없는 한지처럼
언제 찢어질지 모른다는 느낌이 들었다.
늘 몸 어딘가에 구멍이 나서
정신적 균형이 맞지 않았다.
나는 술고래이지만
공허함을 메울 수 있는 술은 없다.
이상하게 휘청거리며 길을 걷고
부탁하는 대로 책을 펴내기도 하고
이상한 [전쟁 찬양] 시를 쓰고
양식당의 돈가스를 찾아다니기도 하고
값싼 락교를 씹기도 하고
갓지기와 놀기도 했다.

바보 소전 暗愚小傳

협력회의

協力会議

협력회의라는 것이 만들어져
민의(民意)를 위로 전한다고 한다.
예전부터 존경하고 있던 분이 와서
어느 날 저녁, 국가의 위태로움을 자세히 이야기하고
나에게 위원이 되라고 한다.
느닷없음에 놀랄 세대는 아니다.
민의를 위로 전할 수 있다면
전하고 싶은 것이 산더미다.
결국 나는 위원이 되었다.
일단 돌아가기 시작하면
톱니바퀴는 싫어도 돌아간다.
각자가 모아 온
민의는 과연 위로 전해질 수 있을까?
일종의 이상한 중압이
오히려 위에서 억누른다.

협력회의는 일방적인
어떤 의지에 따르는 기관이 되었다.
회의장 5층에서
사당과 비슷한 의사당이 보였다.
사당과 비슷한 의사당이라고 쓴 시는
빨간 선이 그어져 신문사로부터 반환되어 왔다.
회의 분위기는 질식할 것 같았고
내 속에 있던 맹수는
관료주의에 중독되어
밤마다 광야를 사모하며 울부짖었다.

바보 소전 暗愚小傳

진주만 기습의 날

眞珠灣の日

선전포고보다 먼저 들은 것은
하와이 근처에서 전투가 있었다는 것이다.
마침내 태평양에서 싸우는 것이다.
칙서 봉독을 듣자 온몸에 소름이 돋았다.
이 특별한 순간에
내 머리는 휘발되어
어제가 먼 옛날이 되고
먼 옛날이 지금이 되었다.
폐하가 위태롭다!
단지 이 한마디가
나의 모든 것을 결정했다.
어릴 때, 할아버지가
아버지가, 엄마가 그곳에 있었다.
소년 시절의 집안 운무(雲霧)가
방 안 가득히 끼었다.

내 귀는 조상님의 소리로 가득 찼고

'폐하가, 폐하가' 하는

괴로워하는 의식에 현기증이 났다.

이제는 몸을 바칠 수밖에 없다.

폐하를 지키자.

시를 버리고 [전쟁 찬양] 시를 쓰자.

기록을 하자.

될 수 있으면 동포들이 황폐해지는 것을 막자.

나는 그날 밤, 목성이 밝게 빛나는 고마고메 구릉지에
서

정말로 진심으로 그렇게 골똘히 생각했다.

바보 소전 暗愚小傳

로맹 롤랑

ロマン・ロラン

혼자 아틀리에 구석에서
조용히 크게 한숨을 내뱉자
넓고 커다란 세상살이가
눈물처럼 나를 적셨다.
부드럽고 강하고 따뜻한 손이
내 어깨에 살며시 얹혔다.
쳐다보니 로맹 롤랑이
지금도 액자 속에 있다.
로맹 롤랑 동호회.
그것은 인간의 사랑과 존중과
영혼의 자유와 고귀함을 배우는
친구, 동지들의 모임이었다.
로맹 롤랑은 말했다.
—애국심의 본질을
너는 아직도 진지하게 생각하지 않는구나!

그렇게 책을 읽고도
너는 아직도 진실이 보이지 않니?
혼란(pell-mell) 속에 빠져 있을 수밖에 없니?
지금의 성실한 자네보다
오히려 무뢰한이었던 과거의 자네를 사랑한다—
그때, 울린 사이렌은
즉시 나를 궁성으로 향하게 했다.
본능처럼 그 힘이 강했다.
나에게서 두 편의 시가 탄생했다.
하나는 인쇄되고
하나는 인쇄되지 않는다.
양쪽 다 진심으로 썼다.
바보 같은 영혼을 불쌍히 여기면서
예상대로 나는 기록을 계속했다

바보 소전 暗愚小傳

바보

暗愚

돈이 생기면 언제나
한밤중에 집에서 나왔다.
마음속에 쌓여 있는 고름의 욱신거림을
메스로 도려내는 대신에
발길은 변두리 술집으로 향했다.
—노인장, 이번에 일본이 이기겠죠?
—이기지!
—내일 낮에는 징용에 동원되죠? 무리인 것만 요구해.
—그래. 어쨌든 무리야.
—거기 구석의 아저씨. 한잔하세요.
—톱니바퀴 장사도 힘들어. 기계 날을 구하러 오사카(大阪)까지 가야 해.
—큰 소리로 말하지 마. 잘못하면 큰일 나.
—노인장, 정말로 이번에 이길까요?
—이기지!

새벽 2시에 나는 집으로 돌아간다.
전신주에 자폭(自爆)하면서.

바보 소전 暗愚小傳

패전

終戰

완전히 남김없이 아틀리에는 소실되어
나는 오슈(奥州) 하나마키(花卷)로 왔다.
거기에서 그 라디오 방송을 들었다.
나는 정좌한 채 떨고 있었다.
일본은 마침내 빈털터리가 되었고
인심은 바닥으로 떨어졌다.
점령군에 의해 기아선상에서 벗어나
겨우 멸망을 면하고 있다.
그때, 폐하 스스로가 나서서
"짐은 신이 아니다"라고 말씀하셨다.
시간이 지남에 따라
내 눈에서 거짓이 제거되고
어느 새 60년 동안의 중압감이 사라졌다.
또다시 할아버지, 아버지, 엄마가
저 먼 열반에 드셨고

나는 크게 한숨을 쉬었다.
신기하게도 그 상태에서 벗어난 다음에
정말로 인간다운 사랑이 보인다.
비 온 다음의 맑은 하늘 같은 청잣빛이
드넓게 마음속에서 피어나고
지금 무일푼이라 느긋한
나는 황량함을 만끽한다.

인체 갈구
人體飢餓

조각가, 산에서 굶주려 있다.
먹을 것, 산에 천지지만
산에는 인체의 향연은 없고
산에서 여체(女體)를 음미할 수 없다.
정신의 단백질은 기아 상태.
조형(造型)의 아귀(餓鬼)
또 눈[雪]이다.

갈망은 가슴을 찌른다.
얼음을 깨물며 심야의 하늘에 호소한다.
눈의 정령은 나와라.
이 조각가를 잡아먹어라.
잡아먹을 때, 눈 덮인 들판에서 춤추어라.
그때, 조각가는 눈으로 만든다.
너의 나긋나긋한 몸통을.
그 탄력 있는 두 개의 가슴과

그 음영이 뚜렷한 허리와
평탄한 등과 팽만한 곳.

척추는 진화한다.
두개골이 되고 골반이 된다.
좌우의 돌기가 손발이 된다.
힘줄을 조정하여 근육을 움직이고
피부는 모든 것을 그 안에 감추고
또 모든 것을 자세하게 폭로한다.
조형은 이 육체를 통째로 먹지 않는다.
조각내서 다시 한번
정밀한 인체로 조립한다.
그렇지만 조각가의 식욕은
먼저 통째로 먹어 치운다.
천문학적으로 복잡한 메커니즘의 계산은
그로부터 발생하는 맹렬한 에너지의 작용.
지성은 이때, 단지 하나의 정밀한 나침반.

눈의 정령은 끝내 나오지 않는다.
눈보라 치고 오두막을 뒤흔들고

눈송이는 뺨을 때린다.
조각가는 화롯가에 홀로 앉아 불을 활활 피우고
간신히 인체 갈구의 협박을 참는다.
협박은 온 누리에 가득 찬다.
밝게 갠 하늘에 렌즈구름이 옆으로 누워
너도밤나무의 나뭇결은 건장한 넓적다리를 드러내고
암석은 성별이 있고
산들은 거대한 토르소다.
샐러맨더를 불 속에서 본 것은 벤베누토 첼리니.
조각가는 타오르는 화염 속에서 여체를 발견한다.

전쟁은 이 조각가로부터 모든 것을 빼앗아 갔다.
작업장과 조형물과
모든 도구는 잿더미가 되었다.
온몸으로 지켜 낸 조각도를 지금도 보호하며
이와테산 속에 스스로를 감금하였다.
이 조각가의 운명이
어떤 운명과 이어질지는 아무도 모른다.
이 조각가의 손에서 시간이 도망치는
그 음수(陰數)의 의미를 세상은 모른다.

조각가는 홀로 조용히 한 곳에 집중해
지금이 친케첸토(Cinquecento)가 아니라는 역사의 당연함을
솔직하게 인식한다.
현대의 초상을 일본은 아직 가지지 못했다.
이와테산 속의 빈곤한 상태로는
이 현실은 어쩔 수 없다.
저 희귀하게 조각적인 연합군 사령관의 목[首]과도
마침내 무관하게 끝나겠지.
동시대의 훌륭한 몇 개의 영혼들도
조형적으로는 무(無)로 돌아가 사라지겠지.
조각가, 산에서 인체를 갈구하고
정신은 이 밤 몽환을 헤매다가
결국에는 눈과 역사의 깊이 속에
이렇게 매몰되어 있는 것의 마음 편안함에 오히려 심취한다.

전형

典型

오늘도 우직한 눈[雪]이 내리고
오두막은 벙어리처럼 침묵한다.
오두막에 있는 것은 한 개의 전형
한 개의 어리석고 못난 전형이다.
3대(三代) 이어 온 특수한 나라의
특수한 윤리로 단련된
안으로는 반역의 독수리 날개를 품고
애처롭게 강한 발톱을 갈아서
스스로 칼깃을 꺾어 버리고
60년을 강철 그물에 갇혀
단정한 자세로 삼가 경의를 표하며
성의를 다하여 오로지 한 가지 윤리로 살아온
끊임없이 내리는 눈처럼 우직한 생명체.
이제는 벗어나서 날개를 펴고
슬픈 자신의 진실을 보고
셋째 날개깃조차 잃어버리고

눈[目]에는 진녹색 맹점이 어른거리고
사방 벽이 무너진 폐허에서
그래도 조용히 숨 쉬며
단지 광활한 전방으로 향한다는
그러한 어리석고 못난 전형.
전형을 받아들이는 산속 오두막
오두막을 묻는 우직한 눈
눈은 내리지 않으면 안 된다는 듯이 내리고
모든 것을 뒤덮으며 내리고 또 내린다.

해 설

일본 근대 시의 아버지라 불리는 다카무라 고타로는 진정한 예술(성)의 추구, 부인 지에코와의 사랑과 사별, 그리고 전쟁 협력과 자기반성이라는 시적 동인(動因)을 장시(서사시)로 표출해 나갔다. 시인 고타로의 이런 삶은 전근대적 봉건 사회에서 근대 국가로, 그리고 제국으로 나아가기 위한 식민지 획득과 침탈 전쟁, 패전으로 이어지는 일본 근대 사회의 여정, 그 자체였다.

2024년 노벨문학상 수상자인 한강 작가의 1992년 연세문화상 심사평에 "휘몰이의 내적 열기", "불과 같은 열정의 덩어리"라는 표현이 있는데 이는 고타로에 꼭 들어맞는 말이다.

내 앞에는 길이 없다
내 뒤에는 길이 생긴다
아아 자연이여
아버지여

나를 홀로 서게 한 광대한 아버지여
나로부터 눈을 떼지 말고 지켜 주세요
늘 아버지의 기백을 나에게 가득 채워 주세요
이 먼 여정을 위해
이 먼 여정을 위해

고타로의 첫 시집 제목이자 표제시 〈여정〉은 진정한 예술가의 길을 가겠다는 자기 선언문이지만 1914년 3월, 잡지에 처음 발표되었을 때는 102행의 장시였다. 이와 같은 장시를 창작할 수 있었던 것은 마그마처럼 끓어오르는 내적 에너지가 있었기 때문일 것이다. 1909년 7월 1일, 프랑스에서 귀국한 고타로는 잡지 《묘성(スバル)》 9월호와 10월호에 〈HENRI MATISSE 평론(1) · (2)〉를 번역 · 게재하면서 〈가시 돋친 경구〉에서 "시는 나의 안전핀", "조각은 나의 연금술"이라 읊은 것처럼 문학가와 미술가의 길을 동시에 걷기 시작했다.

고타로는 《묘성》 1911년 1월호에 〈잃어버린 모나리자〉, 〈키 링〉 등 다섯 편의 시를 발표하면서 본격적인 시작(詩作) 활동을 시작하고 1914년에 첫 시집 《여정》을 출판한다. 시집에는 시 일흔다섯 편과 "칠보 가루 유약"이라는 제목의 서정 소곡(小曲) 서른두 편이 발표순으로 수록되어 있는데 〈칠보 가루 유약〉을 경계로 하여 작품 세계가 크게 변화한다. 전반부에는 전근대적 당시 사회 · 예술계와의 대립과 그로 인한 방탕한 삶이, 후반부에는 지에코와의 만남 이후의 예술가로서의 삶이 그려져 있다.

시집의 서두를 장식하고 있는 〈잃어버린 모나리자〉는 질풍노도기의 대표작이다. 고타로는 이 시를 시집에 수록할 때, 작품 끝에 "내가 사랑했던 모 술집 여성을 임시로 모나리자라고 이름 붙였다"라는 주를 달아 히로인의 정체를 밝히고 있다. "모나리자"는 유곽 요시와라(吉原) 가와우치로(河内樓)의 와카타유(若太夫)라는 유녀로 "내 영혼을 위협하고 / 내 삶의 연소에 기름을 부은" "동양의 진주" 같은 그녀에게 심취하여 결혼을 이야기할 정도로 깊은 관계에 빠지게 된다. 하지만 글자조차 읽지 못하는 밑바닥 여성이었던 그녀는 "훌륭한 사람이 되세요"라는 말을 남기고 다른 남성과 결혼하여 떠나갔다.

미술가이기도 한 고타로가 레오나르도 다빈치의 〈모나리자〉를 모를 리가 없다.

모나리자여 모나리자여

영원히 땅 위를 걷지 마라
돌 많고 깊은 진흙길을 걸어가는
세상 사람들의 추한 모습이여
모나리자는 높은 산 물 맑은
저 꿈같은 롬바르디아를 배경으로
부드럽게 팔짱을 끼고 어슴푸레하게 눈을 뜨고
단지 상반신만을 드러내라
(…)
우리는 모나리자를 두려워한다
지상으로 추방되어
길에서 대화하고
기차 타고 달리는 모나리자를 두려워한다

—〈지상의 모나리자〉 중에서

"롬바르디아"의 "모나리자"가 "지상으로 추방"된 또 다른 모습이 "쓴 술을 또다시 나에게 권하는 / 마드무아젤 우메"(〈식후주〉)이고 "다류야의 유녀 오치카"이고 "오노야의 유녀 지요"(〈신록의 독소〉)인 것이다. 이와 같이 고타로가 환락 세계로 도피하고자 한 이유는 "세상 사람들의 추한 모습"에서 환멸을 느꼈기 때문일 것이다.

그리고 〈키 링〉에서는 "광대뼈 튀어나오고 입술이 두텁고 눈이 삼각형"인 "넋이 나간 듯이 멍한" 일본인들이 "키링"과 같은 사소한 것에 목숨을 걸고 허세를 부리는 모습을 "원숭이" 등에 비유하면서 다양하게 풍자하고 있다.

〈칠보 가루 유약〉은 1911년부터 발표된 서정 소곡을 모은 것으로 서정 소곡은 메이지(明治) 말기부터 다이쇼(大正) 초기에 유행한 서정적 단시(短詩)다. 이 시를 발표하고 나서 고타로의 삶과 예술 세계는 새롭게 변화한다.

한없이 쓸쓸하지만
나는
지금껏 걸어온 길을 버리고
정말로 더할 나위 없는 길을 버리고
전혀 모르는 길을 밟고
슬퍼도 나아갈 것이다

—그것은 내 마음가짐이고
또 내 마음 기쁨의 원천이므로

—〈쓸쓸한 길〉 중에서

이제까지 "걸어온 길"이 아닌 "전혀 모르는 길"로 나아가겠다는 선언을 하고 있다. 그러기 위해서는 겨울 맹추위와 같은 현실이 주는 시련을 극복해 나가야 하는 것이다.

겨울이 온다
춥고 날카롭고 강하고 투명한 겨울이 온다

—〈겨울이 온다〉 중에서

콕콕 송곳으로 찌르는 것 같은 겨울이 왔다
사람들이 싫어하는 겨울
초목이 등 돌리고 곤충이 도망가는 겨울이 왔다

겨울이여
내게로 오라 내게로
나는 겨울의 원동력, 겨울은 내 양식이다

—〈겨울이 왔다〉 중에서

겨울이다 겨울, 온천지가 겨울이다
보이는 것 모두가 겨울이다
또다시 나를 만나러 온 굳센 겨울

겨울이여 겨울이여
춤추며 외치며 내 손을 잡아라

—〈겨울의 시〉 중에서

〈겨울의 시〉는 고타로 시 중에서 가장 긴 작품으로 5장 141행으로 이루어져 있다. 시 속에서 "겨울"은 "약자를 더욱 약하게 만들고 또 살육하고 / 거칠고 사나운 인간에게"는 "양심을 각성"시킨다. 그 대신에 "용감한 전차 운전수, 열심히 일하는 신문팔이 소년, 성실한 파출소 순경, 안간힘을 다하는 인력거꾼"에게 "건강"을 선물하고 나아가 "도로 공사꾼", "잡부", "공장 노동자" 들 편이 되어 "춤추며 외치"라고 위로하기도 한다. 또 "학생"들에게는 "무모할 정도로 학문과 씨름"해서 "척척 졸업"할 것을 요구하고 "청년 우울병"에 걸리지 말고 "매뉴얼 제일주의"에 빠지지 말 것이며 "가슴을 펴고 대지를 힘차게 밟으면서 걸어"서 "대지의 힘을 체험"하고 "생명"을 얻으라고 조언하고 있다. 그리고 자신도 "혼자서" 겨울 속을 뚫고 나아가겠다며 장편 서사시를 마무리한다. 〈겨울〉 연작시에서는 혹독한 겨울의 상징성을 통해 자신을 둘러싸고 있는 주변 환경과 그것을 극복하고자 하는 의지를 분명하게 표명하고 있다.

그리고 115행의 장시 〈소〉에서도 "소"처럼 느리지만 천천히, 정직하게 "자연의 힘"을 믿으며 "자기가 가고 싶은 곳으로 / 곧바로" "끝까지" 가겠다는 의지를 다시 한번 밝힌다. 또 발표 당시에는 100행이 넘는 장시였던 〈여정〉에서도 "자연"을 "아버지"로 해서 진정한 예술가의 길을 가겠다는 자기 선언을 다시 한번 한 뒤, 자신에게서 "눈을 떼지 말고" 지켜 줄 것과 "광대한 아버지"의 "기백"을 자신에게 채워 줄 것을 부탁하고 있다.

한편으로 1912년 6월부터 지에코와의 만남이 시작되고 난 뒤, 9월부터 〈그대에게〉, 〈두려움〉과 같은 이른바 "지에코 시편"이라 불리는 시들이 발표된다. 이후 지에코를 소재로 한 시가 지속적으로 발표되어 첫 시집 《여정》(1914)에, 그리고 두 번째 시집 《지에코초(智惠子抄)》(1941)에 재수록된다. 그래서 〈지에코 시편〉에 대해서는 뒤에서 더 소개하겠다.

고타로가 활발하게 시작 활동을 전개한 시기에 일본 근대 시는 시형(詩形)과 시어에 큰 변화를 맞이하고 있었다. 먼저 5 · 7조나 7 · 5조와 같은 전통 운문 리듬과 시어에 바탕을 둔 문어(文語) 정형시에서 벗어난 문어 자유시로, 그다음에 일상생활 속에서 사용하는 구어(口語)를 시어로 사용함으로써 구어 자유시가 등장하게 된다. 이런 변혁기에 등장한 고타로의 남성적이고 에너지 넘치는 장시와 시집 《여정》은 당시 시단에 큰 충격을 주었고 일본 근대 시의 새로운 지평을 열었다는 평가를 받게 된다.

그는 만물을 본다
또 만물을 소유하고 있다
(…)
만물은 그에게 몰려들고
그는 만물과 함께 어지럽게 춤춘다
천연 원소와 소통하고
천연의 진실을 진실로 만든다

―〈만물과 함께 춤춘다〉 중에서

5월의 태양은 눈부시게 빛나고
5월의 비는 초목에 쏟아지듯 내린다
(…)
내 발에 와 닿는 토양의 열기에
나는 사람의 힘에 대해 깊이 생각한다

―〈5월의 토양〉 중에서

우리 집 지붕 높다랗게 하늘 가로지르고
그 아래에 창이 일곱 개
작은 퇴창은 아침 햇살을 받아
새빨갛게 빛나며 여름 안개에 덮여 있다
(…)
형언할 수 없는 밝은
여름 아침 햇살은
소리 없이
조용히 길을 비추고 있다

—〈우리 집〉 중에서

완전히 폭풍이 멎었다
저항하고 지치고 상처 입은 배는 크게 흔들리며
이상할 정도로 적막한 세계로 들어갔다

—〈평온한 한낮〉 중에서

지에코와의 결혼을 전후하여 발표된 시는 정서적으로 안정되어 있지만 그다음 해인 1915년부터 시 발표가 중단되고 조각과 로댕 관련 번역에 전념하게 된다. 1916년 10

월에 〈우리 집〉을, 1917년 1월에 〈바다는 둥글고〉, 〈맑게 개는 하늘〉, 〈평온한 한낮〉, 〈여자애〉를 포함하여 열 편을, 1920년 5월과 7월에 각각 한 편, 그리고 9월에 〈마루젠 공장의 여공들〉을 발표했을 뿐이다.

그러다가 1921년 11월, 〈빗속의 노트르담 대성당〉으로부터 시작 활동을 재개한다.

아아! 노트르담, 노트르담
바위 같은, 산 같은, 독수리 같은, 웅크린 사자 같은 대성당
드넓고 맑은 대기 속의 암초
파리의 기둥
눈을 못 뜨게 하는 빗방울에 밀봉되어
뺨을 후려치는 바람을 고스란히 맞으며
아아! 눈앞에 우뚝 솟아 있는 노트르담 대성당
당신을 올려다보고 있는 것은 저입니다.
이 일본인입니다.
저의 마음은 지금 당신을 보면서 몸서리치고 있습니다.
비극 주인공 같은 당신 모습 보며
저 먼 나라에서 온 젊은이의 가슴은 벅찹니다.
왠지 모르는 마음의 고동은

공중의 외침 소리에 맞추어서 그저 전율하듯이 울리고 있습니다.

고타로는 파리에 체재할 때, 종종 노트르담 대성당을 보러 갔다고 한다. 휘몰아치는 폭풍우 속에서도 "800년 무게를 딱 버티고 서 있는 대성당"을 바라보았을 때의 전율을 105행의 장시에 담았다.

장갑을 내동댕이치고 칼을 뽑아 들고
아아! 마침내 찬연하게 모습을 드러낸 수만의 라코치 영혼의 목소리
(…)
의기양양하게 얼굴을 들고
급경사를 가득 메우고 뛰어 올라가는 정예들
빛나는 것들의 광채
서로 사격하는 것들의 소동
하늘 소리를 인간에게 속삭이는 영원한 성화
아비규환이 오케스트라 전체에서 폭발하여
음악당 공기에서 소용돌이치고
몰아의 청중은 조금은 두려운 박수와 발 굴림을 하며 미친

듯이 일어났다.

—〈라코치 행진곡〉 중에서

합스부르크 제국으로부터의 헝가리의 독립 운동과 라코치 페렌츠 2세의 영웅담에서 탄생한 〈라코치 행진곡(헝가리 행진곡)〉은 프랑스의 작곡가 엑토르 베를리오즈가 〈파우스트의 겁벌(劫罰)〉에 삽입함으로 인해 널리 알려졌다. 고타로는 "트럼펫"의 "쾌활함과 위풍당당함", "젊고 싱싱한 플루트와 견실한 클라리넷", "현악기의 탄력 있는 피치카토" 등과 같이 각각의 악기가 자아내는 음색과 오케스트라의 하모니, 그리고 관객의 엑스터시를 마치 현장에서 경험한 것처럼 그려 냈다.

한편으로 이런 예술적 황홀감과는 차원이 다르지만 삶의 에너지를 서민들의 일상생활에서 발견하기도 했다.

가장 정직하게 식욕과 수다에 빠져 있는 군중
마치 영혼의 목욕탕처럼
자신의 마음을 자연스럽게 벌거숭이로 만드는 군중
여기저기에 숨기고 있던 우울함을 전부 드러내고
마시고 탐하고 크게 떠들고 웃고 그리고 가끔 화내는 군중

평소에는 세상 장벽에 가려 있던 내면을 드러내고
적어도 오늘 저녁은 기분 좋게 먹고 마시는 군중
몸을 불살라야 하는 내일은 잊고
(…)
군중, 군중, 군중

―〈스키야키 요네큐에서의 만찬〉 중에서

그리고 1923년, 관동대지진을 계기로 일본 사회의 모순과 부조리가 표면화되자 고타로의 내면에 잠재되어 있던 "내적 열기"와 "열정의 덩어리"가 분출되기 시작한다. 가장 먼저 1925년 1월, 회오리바람에 의해 사람의 피부가 칼날에 베인 듯이 찢기는 것을 "세렌"의 짓으로 그린 〈세렌(淸廉)〉이 발표되었는데 이 동물은 사전에도 없는 고타로가 만들어 낸 상상의 동물이다. 이 시에는 "맹수 편 제2부로부터"라는 주가 달려 있었고 1928년에는 시집 《맹수 시편》 간행 예고까지 있었지만 실현되지 않았다. 그래서 이 시기의 작품들을 통상적으로 "맹수 시편"이라 부른다.

굵은 설탕 같은 눈이 남아 있는 브롱크스 공원에

그는 일본놈답게 벙어리 같은 표정으로
모처럼의 휴일에 북극곰 우리 앞에 서 있다.

—〈북극곰〉 중에서

센트럴 파크 동물원의 멍청한 코끼리는
사람들이 던져 준 각종 동전을
아주 큰 코로 능숙하게 주워서는
위쪽에 있는 코끼리 저금통에 정확하게 넣는다.

—〈코끼리 저금통〉 중에서

큰 독수리가 머리를 거꾸로 한 채로 하늘을 본다.
하늘에는 떨어지는 낙엽도 없다.
나는 쇠창살을 짤랑 하고 두드린다.

—〈예리한 통찰〉 중에서

무엇이 재미있어서 타조를 기르냐!
동물원 네 평 반의 진창 속에서는
다리가 너무 길지 않을까!
목이 너무 길지 않을까!
눈 내리는 나라에서 이 상태로는 날개가 너무 너덜너덜하지 않을까!

—〈너덜너덜한 타조〉 중에서

동물원의 좁은 우리에 갇힌 채, 간신히 목숨을 이어 가고 있는 이들 동물은 권력과 사회 제도와 인습에 의해 물질적으로, 정신적으로 억압받고 있는 현대인의 자화상이라 할 수 있다.

추접스럽고 표 나지 않게 설치한
비열하고 검은 강철 덫을.

어깨에 파고든 금속 날을
살과 함께 떼어 낸 사자는 태연했다.
분노와 경멸과 비웃음과 자존심이 뒤섞인
단 한 마디의 외침은 평화로운 야자나무 숲을 뒤흔들었다.
그리고 사자는 100리를 달렸다.

—〈상처를 핥는 사자〉 중에서

나를 길들였다고 생각하고 있는
참을 수 없는 근성에 기가 막혀

쇠사슬을 끊고 도망쳐 나온 것이다.
당장에 총이라도 쏘겠지.
가끔 귀를 펴덕이며 정글 나무들을 쓰러트리고
코끼리는 천천히 걸어간다.

—〈코끼리〉 중에서

아직까지 이해되지 않는 습격을 오늘도 받고
바위와 같이 큰 남자, 털이 덥수룩한 고릴라는
마치 마술처럼 신출귀몰하며
숲속의 거목들을 뒤흔들어 놓고는
그 이후, 감쪽같이 어딘가로 사라져 버렸다.

—〈숲속의 고릴라〉 중에서

인간들에 의해 상처입은 "사자", "코끼리", "고릴라"는 인간이 물질문명을 만들기 위해 파괴한 자연을 상징하고 있지만 이 또한 물질만능주의의 노예가 되어 고통받고 있는 우리 자신의 모습인 것이다.

나는 조각하기 시작한 메기를 옆으로 제쳐 놓고
칼 가는 물을 갈고는

다시 내일을 위해 조각도를 날카롭게 간다.

—〈메기〉 중에서

마 열매 쪼고 있는 곤줄박이 보면서
나는 지금 곤줄박이를 조각하고 있다.
이것이 완성되면 나무로 조각된 곤줄박이가
저 맑은 겨울 하늘로 날아갈 것이다.
이 신비로움을 이 세상에 탄생시키는 것이
내 목숨을 건 지상 최대 과업이다.

—〈목숨을 걸고〉 중에서

묵묵히 조각도를 갈고 있다.
벌써 해 저물어 가는데 아직도 갈고 있다.
양쪽 날을 딱 맞게
칼 가는 물 갈고 나서 또 날을 갈고 있다.
도대체 무엇을 만들 생각인지
그것도 모르는 채

—〈조각도를 가는 사람〉 중에서

모든 것을 감지하고 조용히 숨 쉬고 있는 잉어를 조각한다.

파도를 일으키면 폭포도 뛰어넘고
구름에 오르면 용이 되는
쥐 죽은 듯이 조용히 있는 저 잉어의 유현한 기상을 조각한다.
잉어의 침묵을 조각한다.

―〈잉어를 조각한다〉 중에서

한편, 시인이면서 미술가였던 고타로는 1922년 6월, 〈5월의 아틀리에〉를 시작으로 문학과는 또 다른 미를 추구하는 자신의 모습을 소재한 작품을 발표하기 시작했을 뿐만 아니라 한 발 더 나아가 로댕(〈기차 안의 로댕〉)과 미켈란젤로(〈장마철 밤늦도록〉)와 같은 천재 예술가와의 동일화를 추구하기도 했다.

그리고 1929년 6월에 발표된 〈조슈 유비소 풍경〉은 고타로가 그때까지는 일본 제국주의에 대해 비판적 시각을 가지고 있었음을 보여 주고 있다.

산봉우리에서 봉우리로 사이렌 소리가 울려 퍼지고
오아나 노동자 숙소는 이미 텅 비었다.
산과 산이 맞닿아서 계곡이 된다.

계곡 막다른 곳은 늘 방대한 체적의 분수령이다.
터널은 아직 뚫리지 않았다.
2000명의 조선인은 어디에 있지?
도아이, 유비소의 움막에 비가 내린다.
(…)
삼각산에 붉은 기.
ㅡ발파 신호다. 말을 멈추게 해라.
또 식민지에서 모집해 온 한 무리의 인부.
내 나막신의 후박나무 굽이 세로로 갈라지고
2000명 육체 위로 10리 산길이 새파랗게 질려 있다.

니가타(新潟)현과 군마(群馬)현을 연결하는 조에쓰(上越) 철도의 시미즈(清水) 터널을 뚫는 것은 엄청난 난공사였다. 그래서 열악한 노동 환경 속으로 저임금의 한국인 노동자들이 투입되었고 "식민지"에서 온 한국인 노동자들은 현장의 참혹함에 "새파랗게 질"릴 수밖에 없었을 것이다.

한편으로 1912년 9월부터 〈그대에게〉, 〈두려움〉과 같은 〈지에코 시편〉이 발표되기 시작하는데 지에코에게는 부모님들끼리 정한 약혼자가 이미 있었고 이 무렵, 결혼 이야기까지 나오고 있었지만 결국은 파혼하게 된다.

싫어요
당신이 떠나가는 것이—

꽃보다 먼저 열매 맺는 것 같은
씨앗보다 먼저 싹 트는 것 같은
여름에서 곧바로 봄이 오는 것 같은
그런 이치에 맞지 않는 부자연스러운 것을
제발 하지 말아 주세요

—〈그대에게〉 중에서

어떤 신비롭게 조절하는 보이지 않는 힘에서
그리고 가장 귀중한 평행을 얻고 있다
내 영혼은 영원을 생각하고
내 눈은 만물의 무한한 가치를 본다
조용히 조용히
나는 지금 계속해서 어떤 힘과 접촉하면서
말을 잊고 있다
안 돼요 안 돼
조용한 이 물에 손 넣으면 안 돼요

더욱이 돌 던져서는 안 돼요

―〈두려움〉 중에서

전자는 처음 발표되었을 때는 "N―여사에게(N―女史に)"라는 제목이었는데 "N"이 누구인지는 쉽게 짐작할 수 있다. 시의 첫 행에서 이별할 수 없다는 감정을 솔직하게 털어놓고 "이치에 맞지 않는 부자연스러운 것"(결혼)을 하는 것은 "자신의 몸을 파는 것"이라는 극단적인 표현을 사용하면서까지 파혼을 종용하고 있다. 후자에서는 앞으로 일어날 사랑의 소용돌이에 대한 두려움을 역으로 표현하고 있다. 조용하고 투명한 "물"에 "손"을 넣거나 "돌"과 같은 "위험한 것"을 던지면 "아주 격렬한 소란"과 "파동"이 일어 "(사랑의) 소용돌이 속"으로 끌려 들어가게 될 것이라고 경고하고 있다.

그리고 세상 사람은 "우리를 바라보며 / 각종 욕지거리를 내뱉으며 자신들의 한가로움을 때우려"(〈어느 저녁〉) 하지만 "내 마음은 지금 강풍처럼 당신을 향해"(〈교외에 있는 사람에게〉) 가고 있고 "당신은 정말로 나의 반쪽입니다 / (…) / 나를 전부 이해해 주는 것은 / 오직 당신뿐"(〈인류의 샘물〉)이기에 "인간의 반쪽과 다른 반쪽의 융합"(〈우리〉)을 통해 "끝없는 지상의 사랑을 탐하고 / 우리 생명을 열렬히 칭송"(〈사랑의 찬미〉)하게 되는 것이다.

여기까지가 시집 《여정》에서 재수록한 시들이고 1923년 4월부터 새로운 〈지에코 시편〉들이 발표되기 시작한다.

둘이 같이 걸어온 10년이라는 세월을 돌이켜 보면
단지 당신 속에서 여인의 무한함이 보일 뿐.
무한의 경계선에서 피어오르는 것이야말로
이렇게 감정과 의지에 고민하는 나를 정화해 주고
이렇게 고민을 온몸에 지고 있는 나에게 상쾌한 젊음의 샘물을 부어 주는
(…)

저것이 아다타라산
저기 반짝이는 것이 아무쿠마강.

이곳은 당신이 태어난 고향
저 흰 벽의 조그만 것들이 당신 집 술 저장고.
그러면 발을 쭉 뻗고

이 활짝 개여 있는 북쪽 지방의 나무 향기로 가득 찬 공기를 마시자.

—〈나무 아래의 두 사람〉 중에서

지에코는 도쿄에는 하늘이 없다고 한다
진짜 하늘을 보고 싶다고 한다.
나는 놀라서 하늘을 본다.
(…)
지에코는 먼 곳을 보며 말한다.
아다타라산 위에
매일 펼쳐져 있는 푸른 하늘이
진짜 하늘이라고 지에코는 말한다.
천진난만한 하늘 이야기다.

—〈천진난만한 이야기〉 중에서

이때까지만 해도 지에코는 고타로의 "고민"을 "정화"해 주는 "내면만이 맑고 깨끗한 생명체"(〈당신은 점점 아름다워진다〉)였지만 "무법천지"이고 "혼돈스러운 애증"이 소용돌이치는 "인간 극장 한복판"(〈나무 아래의 두 사람〉)에 세워졌을 때, "천진난만한" 존재로 남아 있을 수는 없었다.

발밑에서 새가 날아오른다
자신의 아내가 광기를 보인다

—〈인생 원시〉 중에서

정신이 이상해진 지에코는 말을 하지 않는다
물까치와 물떼새와 서로 소통한다
(…)
물까치와 물떼새는 지에코의 친구들
이제 인간이기를 포기한 지에코에게
두려울 정도로 아름다운 아침 하늘은 최고의 놀이터
지에코는 비상한다

—〈바람을 타는 지에코〉 중에서

물떼새 무리가 지에코를 부른다.
지에 지에 지에 지에 지에—
인간이기를 미련 없이 포기하고
이미 자연의 저쪽으로 가 버린 지에코의
뒷모습이 홀로 보인다.

—〈물떼새와 노는 지에코〉 중에서

나를 부르는 소리가 계속 들리지만
지에코에게는 이제 인간세계로 되돌아오는 차표가 없다.
—〈만날 수 없는 지에코〉 중에서

제정신을 습격한 숙명이라는 악마에게 이끌려
벗어날 길이 없는 영혼과의 이별
그 불가항력의 예감
—나 머지않아 끝이야
눈물 젖은 손에 산바람이 차갑게 스친다
나는 묵묵히 아내 모습을 주시한다
제정신의 경계선상에서 마지막으로 돌아서서
나에게 매달린다
이런 아내를 되찾아올 방법이 지금 이 세상에는 없다
—〈산기슭의 두 사람〉 중에서

이렇게 지에코가 정신적으로 무너져 가는 모습을 고타로는 옆에서 지켜볼 수밖에 없었다. 그리고 영원한 이별의 순간이 찾아오게 된다.

슬프고 희고 밝은 임종 순간에
내 손에서 받아 든 레몬 하나를
당신의 아름다운 이가 오도독 깨물었다
토파즈색의 향기가 나는
하늘 선물인 레몬즙 몇 방울이
당신 의식을 순식간에 정상으로 만들었다
(…)
이렇게 마지막 순간에
지에코는 정상적인 지에코가 되어
(…)
당신의 호흡은 그대로 멈추었다
영정 앞에 꽂아 둔 벚꽃 그늘에
시원하게 빛나는 레몬을 오늘도 바친다

―〈레몬 애가〉 중에서

그렇게도 돌아오고 싶어 하던 자신 속으로
지에코는 죽어서 돌아왔다.
10월 한밤중에 텅 빈 아틀리에의
한쪽 구석을 깨끗하게 청소하고
나는 지에코를 조심스레 내려놓는다.

(…)

밤이 지나고 날이 어두워지고

주변이 시끄러워지고

집 안이 꽃으로 가득 차고

장례식 느낌이 나더니

어느새 지에코는 없어졌다.

나는 아무도 없는 어두운 아틀리에에 그냥 서 있다.

바깥은 대보름 멋진 달밤이구나.

—〈황량한 귀가〉 중에서

1912년 9월에 처음으로 발표된 〈그대에게〉로부터 1941년 8월에 발표된 〈황량한 귀가〉까지 스물아홉 편의 시와 여섯 수의 와카, 그리고 〈지에코의 반평생〉이라는 산문을 포함한 세 편의 산문이 수록된 두 번째 시집 《지에코초》는 1941년 8월에 간행되어 1944년까지 13쇄를 찍을 정도로 베스트셀러가 된다. 그리고 전후에 "지에코, 그 이후"라는 제목으로 〈원소 지에코〉를 비롯하여 여섯 편의 시가 1950년 1월에 발표되고 11월, 여기에 열여덟 편의 에세이를 더한 시문집 《지에코, 그 이후》가 간행되었다. 그래서 이 여섯 편의 시를 본 번역서 〈지에코 시편〉 끝부분에 넣었다.

〈지에코 시편〉의 마지막 작품 〈황량한 귀가〉 발표로부터 4개월 뒤, 1941년 12월 7일에 진주만 기습 공격이 감행된다. 그러자 12월에 〈저들을 공격한다〉가 라디오에서 방송된 뒤, 다음 해 1월, 잡지에 게재되었고 이어서 2월에는 〈12월 8일〉이 게재되고 동시에 〈싱가포르 함락〉이 방송된다. 그리고 4월, 마침내 전쟁 찬양 시집《위대한 날에(大いなる日に)》가 간행된다. 〈저들을 공격한다〉와 〈12월 8일〉에서는 "앵글로색슨족의 패권"으로부터 동아시아를 되찾고자 "현인신"이 다스리는 일본이 일어났다는 것을 강조하고 있다. 그리고 〈싱가포르 함락〉에서는 싱가포르를 함락함으로써 "오만한 앵글로색슨족"을 쫓아내고 "대동아"를 되찾았다고 외치고 있다. 이 시집에 수록된 시 중에서 가장 먼저 발표된 〈가을바람(秋風辭)〉은 1937년 10월에 발표되었는데, 직전의 8월에 발표된 것이 〈물떼새와 노는 지에코〉와 〈코끼리〉이기에 〈지에코 시편〉과 〈맹수 시편〉, 전쟁 협력 시의 시적 기저를 정확하게 구분하기는 어렵다.

1947년 7월, 어린 시절의 일왕 배례 경험, 할아버지의 단발, 아버지의 어전 조각, 청일전쟁과 러일전쟁, 해외 유학과 귀국 후의 데카당스한 삶, 예술가의 길, 지에코와의 사랑, 아시아태평양전쟁 시기 전쟁 협력과 같은 자전적 내용의 연작시 〈바보 소전〉을 발표한다.

> 이곳에 와서 나는 오로지 자신의 감정 정리에 몰두하였고 또 나 자신의 정체성 형성의 요인을 규명하기 위해 또 한 번 삶의 정신사에서 치명적인 문제를 적발하고 추궁했다. 이 특별한 나라의 특별한 분위기 속에서 어떻게 자신이 매몰되고 정신이 굴복되었는지를 보았다. 그리고 나의 우매하고 운명적인 발자취에서 전형적인 바보상을 발견하고는 전율하지 않을 수 없었다.

1950년 10월에 간행한 시집 《전형》 서문에서 스스로를 "전형적인 바보(상)"이었다고 토로하고 있다. 이는 자신의 삶, 매 순간순간마다 혼신의 힘을 쏟았다는 자기애 내지는 자기 합리화를 위한 말일 것이다.

지 은 이 에 대 해

다카무라 고타로(高村光太郎)는 1883년 3월, 도쿄에서 태어났는데 아버지 고운(光雲)은 일본 불교 목조각의 전통 계승자로 1889년, 도쿄미술학교(도쿄예술대학교의 전신)의 조각과 교수가 된다. 예술가 집안에서 태어난 고타로는 초등학교에 입학하고 난 뒤, 아버지로부터 조각도를 선물로 받는 등, 일찍부터 조각을 접하고 1897년, 도쿄미술학교에 입학한다. 한편으로 문학에도 관심이 있어서 1900년, 신시샤(新詩社)라는 문학 모임에 가입하고 와카(和歌) 투고를 시작한다. 1902년, 도쿄미술학교 조각과를 졸업하고 연구생으로 남아 있다가 사진으로 로댕의 작품을 접하고 크게 감동받아서 로댕에 관한 원서를 구입하여 읽는 등, 로댕이야말로 진정한 예술가라는 것을 깨닫고는 스승으로 삼아, 나중에 《로댕 어록》(1916)과 《속 로댕 어록》(1920)을 번역, 평전 《로댕》(1927)을 출판하기도 했다.

1906년 2월, 미국 뉴욕으로 가서 조각가 보글럼의 조수로 일하면서 밤에는 미술학교에서 목탄화와 조소를 배우

다가 다음 해에 영국으로, 그리고 1908년에는 파리로 옮겨서 미술 공부를 이어 가는 한편 보들레르, 베를렌 등의 프랑스 근대 시(인)를 접하게 된다.

1909년 7월 1일에 귀국한 고타로는 아버지 고운으로부터 자신의 제자들과 함께 동상제작회사를 설립하라는 권유를 받는다. 하지만 유학 생활을 통해 확립된 근대적 예술관으로 인해 아버지 고운과 당시의 일본 미술계에 실망을 하게 된다. 그리하여 1910년 4월에는 일본 최초의 화랑 '로칸도(琅玕洞)'를 오픈하고, 또 "녹색으로 태양을 그릴 수도 있다"라는 '예술(가)의 절대적 자유'를 선언한 평론 〈녹색 태양〉을 발표하는 한편, 자신과 비슷한 생각을 가진 예술가와 지식인들의 모임인 '판(Pan) 모임'에도 참가하게 되는데 이 모임에 참가한 이들은 일본 사회와 예술계의 전근대성에 대한 불만과 울분을 토로하면서 진정한 예술에 대해 격렬하게 논쟁을 벌이기도 했다.

그러면서 1911년 1월, 잡지 《묘성》에 다섯 편의 시를 게재하면서 본격적인 시작 활동을 시작한다. 하지만 화랑을 폐쇄하고 야심차게 추진한 홋카이도 이주 계획이 실패로 돌아가자 고타로는 방탕한 생활을 하게 된다. 그때 고타로를 퇴폐적인 삶으로부터 구원해 준 사람이 나가누마

지에코(長沼智惠子)였다. 1886년, 후쿠시마(福島)현에서 태어난 그녀는 1907년, 일본여자대학교를 졸업하고 난 뒤, 부모님을 설득하여 화가가 되기로 결심, 여성 문예지 《청탑(靑鞜)》의 표지 그림을 그리기도 했다. 1912년 6월, 고타로의 아틀리에가 완성되자 지에코가 축하 화분을 가지고 왔고 월말에는 화랑 '로칸도'에서 그녀의 선면화(扇面畵) 전시회가 열리기도 했다. 그리고 8월에서 9월 초, 지바(千葉)현 태평양 해안으로의 스케치 여행에서 그녀를 다시 만나면서 사랑에 빠지게 되고 낮에는 조각을, 밤에는 문예 창작 활동을 지속하여 1914년 10월, 첫 시집 《여정》을 출판, 12월에는 결혼을 하게 된다.

그런데 1923년에 발생한 관동대지진을 계기로 표면화되기 시작한 일본 사회의 각종 모순과 부조리는 그동안 아틀리에라는 예술 공간에만 머물러 있던 고타로의 시선을 밖으로 향하게 하면서 고타로의 시 세계에 변화를 가져오고, 그 결과 물질문명, 권력, 사회 제도, 인습에 대한 분노를 모티프로 한 작품이 발표되기 시작한다. 고타로는 생전에 이 시기의 작품을 모아 "맹수 시편"이라는 제목으로 시집을 간행하려고 했지만 실현되지 않았다.

한편 지에코라는 인생과 예술의 동반자를 얻으면서 예

술 활동에 매진할 수 있었던 생활도 그리 길게 이어지지는 않았다. 지에코의 친정은 꽤 큰 일본술 양조장을 경영하고 있었지만, 1918년 지에코 아버지의 죽음과 함께 경제적으로 몰락하기 시작하고 1929년에는 마침내 파산에 이른다. 그 영향으로 1931년부터 지에코가 정신 이상 증상을 보이고 온천 여행, 전지 요양을 거듭하지만 상태는 호전되지 않았고, 1935년 결국 정신병원에 입원, 그로부터 3년 뒤에 사망한다. 그 뒤 그녀와의 만남과 사랑, 결혼 생활, 투병 모습, 그리고 임종 순간을 그린 시를 모아 1941년에 두 번째 시집 《지에코초》를 간행한다.

지에코의 죽음이 고타로 개인에게 엄청난 충격과 혼란을 주었다면 1941년 12월 7일에 감행된 진주만 기습 공격은 일본 사회 전체를 전쟁의 소용돌이 속으로 몰아갔다. 미국을 비롯한 서양 열강과의 본격적인 전쟁을 위해 전시체제로 바뀌는데 이미 1940년 10월에 대정익찬회(大政翼讃會)라는 어용 단체가 조직되었고 예술계도 그 산하로 들어간다. 고타로는 대정익찬회 문화부장인 기시다 구니오(岸田國士)의 추천으로 중앙협력회의 의원이 되면서 전쟁 협력의 길로 접어든다. 그리고 1942년, 일본문학보국(報國)회 창립총회에서 시부(詩部)회 회장으로 선출되는데 직전에 간행된 것이 전쟁 찬양 시집《위대한 날에》다. 전쟁 문학과 전쟁 시는 세계 문학의 보편적 장르이지만 아시아태평양전쟁 말기에 일본에서 양산된 이른바 '전쟁 시'는 전쟁 찬양과 전의 고취, 전사(戰死) 찬미 등의 프로파간다 같은 내용이기에 '전쟁 협력 시'라 불러야 할 것이다. 특히 1942년 6월, 미드웨이 해전에서의 대패 이후, 일본은 남태평양에서 후퇴를 거듭하고 있었지만 여전히 연전연승하고 있다는 정부의 거짓 발표를 바탕으로 한 '전쟁 협력 시'가 '애국 시' 또는 '국민 시'라는 명칭으로 라디오와 신문을 통해 연일 발표되고 있었다. 고타로 또한 그 선봉에 서지만 그 이면에는 부인 지에코의 죽음과 상실이라는 개인사가 영향을 미쳤다고 할 수 있다.

그리고 1945년 8월 15일, 일본이 패전을 맞이하자 전쟁 책임론이 대두된다. 하지만 자신의 전쟁 책임을 인정하는 정치가나 군인, 지식인은 없었고 시인들도 아시아태평양전쟁 시기에 자신들이 발표한 '전쟁 협력 시'를 '전쟁 시'라는 명칭으로 작품의 본질을 왜곡하고 이들 작품을 시집이나 전집에서 배제함으로 '시작의 공백기'로 만들고자 했다. 하지만 고타로는 자신의 전쟁 책임을 인정하고 이와테현 하나마키(花卷)시 교외에 오두막을 짓고 자급자족

생활을 하면서 자기반성의 시간을 보낸다. 그러다가 1947년 7월, 자신의 일대기를 편년체로 그린 시 스무 편을 "바보 소전"이라는 제목으로 발표하고 1950년에 간행된 시집 《전형》에 수록한다. 엊그제까지만 해도 타도 대상이었던 미국과 영국을 앞으로 본받아야 할 민주주의 선진 국가로 탈바꿈시키는 전후 일본 사회의 흐름 속에서 고타로의 자기 유배는 용기 있는 행동이었다고 할 수 있다. 그리고 1952년 10월에 아오모리(青森)현의 위탁으로 동상을 제작하기 위해 도쿄로 돌아온 고타로는 이듬해에 작품을 완성하고 난 뒤, 1956년 4월, 폐결핵 악화로 파란만장했던 삶을 마감한다.

고타로는 일생 동안 70여 개의 조각 작품을 만드는 한편, 700여 편의 시와 엄청난 양의 시론, 미술론, 번역, 에세이 등을 남기면서 일본 근대 시 완성자의 한 사람으로 평가받고 있다.

옮긴이에 대해

서재곤은 1963년에 태어나 계명대학교 일문과를 졸업하고 동 대학원에서 석사 학위를 취득했다. 1993년 일본 정부 초청 국비 장학생으로 선발되어 도쿄대학교 대학원 일어일문학과에서 석사 및 박사 학위를 취득한 뒤 계명대학교 일문과 교수를 거쳐 현재 한국외국어대학교 일본어통번역학과 교수로 재직 중이다.

하기와라 사쿠타로(萩原朔太郎)를 중심으로 한 일본 근현대 시가 주된 연구 분야이고 최근에는 전쟁 문학과 전후 시 쪽으로 범위를 넓혀 가고 있다.

저서로는 《일본 근현대문학 입문》(제이앤씨, 2015)가 있고, 역서로는 다자이 오사무(太宰治)의 《쓰가루 · 석별 · 옛날이야기》(문학동네, 2011)와 하기와라 사쿠타로의 《우울한 고양이》(지식을만드는지식, 2012)가 있다.

다카무라 고타로 시선

지은이 다카무라 고타로
옮긴이 서재곤
펴낸이 박영률

초판 1쇄 펴낸날 2025년 6월 27일

커뮤니케이션북스(주)
출판등록 2007년 8월 17일 제313-2007-000166호
02880 서울시 성북구 성북로 5-11
전화 (02) 7474 001, 팩스 (02) 736 5047
전자우편 commbooks@commbooks.com
홈페이지 www.commbooks.com

지식을만드는지식은
커뮤니케이션북스(주)의 고전 출판 브랜드입니다.

ISBN 979-11-430-0351-5 03830

책값은 뒤표지에 있습니다.